Eduard Karl Heinrich Heydenreich

Fabius Pictor und Livius

Ein Beitrag zur römischen Quellenforschung

Eduard Karl Heinrich Heydenreich

Fabius Pictor und Livius
Ein Beitrag zur römischen Quellenforschung

ISBN/EAN: 9783337278915

Hergestellt in Europa, USA, Kanada, Australien, Japan

Cover: Foto ©Thomas Meinert / pixelio.de

Weitere Bücher finden Sie auf **www.hansebooks.com**

Fabius Pictor und Livius.

Ein Beitrag

zur römischen Quellenforschung

von

Dr. phil. Eduard Heydenreich,

Oberlehrer am Gymnasium Albertinum in Freiberg i. S.

Freiberg.

J. G. Engelhardt'sche Buchhandlung (M. Isensee).

1878.

SEINEM HOCHVEREHRTEN GROSSVATER

HERRN

EDUARD HEINRICH HEYDENREICH

ADVOCAT UND NOTAR IN DRESDEN

SENIOR DES HEYDENREICHISCHEN GESCHLECHTES

RITTER DES ALBRECHTSORDENS

UND

SEINEM HOCHVEREHRTEN GROSSONKEL

HERRN

DR. JUR. CARL HEINRICH HEYDENREICH

OBERAPPELLATIONSRATH AM OBERAPPELLATIONSGERICHT

IN DRESDEN

RITTER DES KÖNIGL. SÄCHS. VERDIENSTORDENS

IN AUFRICHTIGER DANKBARKEIT

GEWIDMET

VOM

VERFASSER.

Fabius Pictor und Livius.

Wie irrig das Urtheil von Nägelé [1]) und U. Becker [2]) war, dass die vorzüglichen Untersuchungen Lachmanns [3]) ein tieferes Eingehen in die Fragen über die Quellen des Livius überflüssig erscheinen liessen, dies erhellt aus nichts schlagender, als aus dem geistvollen Buche von K. W. Nitzsch über die römische Annalistik [4]), welches mit einem glänzenden Scharfsinn und einer wahrhaft bewundernswürdigen divinatorischen Kritik die Quellenuntersuchungen der ersten Dekade des Livius und der von diesem benutzten Annalisten in eine ganz neue Bahn gelenkt hat. Indem nämlich Nitzsch nicht mehr wie Lachmann sich wesentlich auf die Kritik der Citate des Livius und einzelner Parallelstellen anderer Schriftsteller beschränkte, welche für die annalistischen Quellen beachtenswerthe Winke geben, sondern eine vergleichende Kritik aller in längerem Flusse ununterbrochen fortlaufenden Abschnitte der Livianischen Darstellung mit den Parallelerzählungen des Dionys vorlegte und damit die stellenweise Quellen-Benutzung durch eine abschnittsweise ersetzte, hat er nicht nur eine stattliche Reihe neuer Aufstellungen gewonnen, sondern auch die Anregung zu einer grossen Anzahl neuer Fragen gegeben, deren endgültige Lösung der Zukunft anheimfällt.

Soweit ich aber davon entfernt bin, die Verdienste, die sich Nitzsch mit seiner römischen Annalistik erworben und welchen Isler [5]) warme Worte wohlverdienter Anerkennung gewidmet hat, zu verkennen oder zu schmälern, so rückhaltlos muss ich auch auf der anderen Seite bekennen, dass mich seine Untersuchungen nur zum kleineren Theile überzeugt haben; und ich freue mich, dasselbe

---

[1]) Maxim. Nägelé, Studien über altitalisches und römisches Staats- und Rechtsleben. Schaffhausen 1849, S. 370.

[2]) U. Becker, Vorarbeiten zu einer Gesch. des zweiten punischen Krieges in Dahlmann's Forschungen auf d. Gebiet der Geschichte. II. 2, Seite 200.

[3]) Frider. Lachmann, de fontibus histor. T. Livii. 4°. Gottingae I 1822 und II 1828.

[4]) K. W. Nitzsch, Die röm. Annalistik von ihren Anfängen bis auf Valerius Antias. Berlin, Borntraeger 1873. 8°.

[5]) Isler, Vorrede zu seiner neuen Ausgabe von Niebuhr's Römischer Geschichte. I. Band. Berlin. Calvary & Co. 1873. pag. XVII.

Bekenntniss auch von anderen ausgesprochen zu sehen. Denn nachdem bereits ein Anonymus [1]) und L. Lange (in seiner Recension von Clasons römischer Geschichte) [2]) über die Zu-
verlässigkeit der Quellenanalysen von Nitzsch starke Zweifel
geäussert hatten, hat neuerdings Hans Virck [3]) die Grundlagen der
Arbeit von Nitzsch einer eingehenden, sie theilweise widerlegenden
Kritik mit Glück unterzogen, sodann aber auch eine positive Gegen-
aufstellung über die Quellen des Livius für die älteste Geschichte
der römischen Republik versucht. Aber auch in dem Buche von
Virck ist trotz aller Methode und allen Fleisses manches, was ich
nicht für richtig, jedenfalls nicht für überzeugend halten kann. Und
in der That bei den Grenzen, die menschlichem Scharfsinn überhaupt
gesteckt sind, bei der Unsicherheit, welche auch der geistvollsten,
aber in ihrem Resultat nicht zur Evidenz gebrachten Combination
anhaftet, insbesondere bei den grossen Lücken unserer Kenntnisse über
gewisse Theile römischer Geschichtsschreibung und römischer Quellen-
benutzung und bei dem gewaltigen Ruin, welcher die vorlivianischen
Annalisten in nur spärlich erhaltene Trümmer geschlagen hat, wird
man, wenn überhaupt, nur dann allmählig zu immer gesicherteren
Resultaten über die Quellen der ersten Dekade des Livius gelangen,
wenn früher Aufgestelltes wiederholt geprüft und berichtigt und von
neuen Gesichtspunkten aus der Versuch gemacht wird, den Nebel zu
zerstreuen, welcher über der ältesten Geschichtsschreibung der Römer
auch jetzt noch dicht genug gelagert ist.

Man wird es daher gerechtfertigt finden, wenn ich im Folgenden
eine eingehende Kritik gebe der von verschiedenen Seiten beigebrachten Argumente für und wider die Benutzung des Fabius durch
Livius. Da die Ansicht von Nitzsch [4]), Cneius Flavius, welcher
mit Unterstützung seines Patrons Appius Claudius den Kirchen-
kalender und die Legislationen veröffentlichte, sei der älteste römische,
von Diodor benutzte Annalist, nicht haltbar ist [5]); so ist die Beantwortung der Frage, in wieweit Livius den Fabius Pictor, also den
wirklichen Vater der römischen Historiographie, benutzt hat, zugleich
von höchster Wichtigkeit für diejenigen Untersuchungen, welche die
Glaubwürdigkeit nicht nur des Livius, sondern der ganzen römischen
Geschichte zum Gegenstande haben.

Mit den Quellenuntersuchungen des Livius hängt eine andere
Frage, die ich daher zunächst beantworten will, eng zusammen,

---

[1]) In der Recension von Nitzsch „Römischer Annalistik", im philol. Anzeiger
1873 V, 2, Seite 117 ff.
[2]) In Zarncke's Centralblatt 1874, Seite 1074 f.
[3]) Hans Virck, Die Quellen des Livius und Dionysios für die älteste Geschichte der römischen Republik. Strassburg, Schultz & Comp. 1877. 8⁰.
[4]) Nitzsch, Röm. Ann. S. 230 ff.
[5]) Vrgl. Clason in Heidelb. Jahrbb. 1872. S. 836—841.

welche Stellung nämlich die Geschichtsschreiber vor Livius zu den
Interessen der römischen Plebs einnahmen und welchen Einfluss sie
dieser Stellung auf ihre Darstellungen der Ständekämpfe einräumten.
Wenn ich dabei das Buch von Nitzsch über die römische Annalistik
zunächst unberücksichtigt lasse, so geschieht dies deshalb, weil die
hierauf bezüglichen Ausführungen dieses Buches ganz auf den meiner
Ansicht nach unrichtigen fundamentalen Voraussetzungen ruhen, die
schon Virck erschüttert hat und auf die ich weiter unten näher eingehen werde.

Die Frage, ob die römische Tradition mehr patricisch oder mehr
plebejisch gefärbt sei, beantwortete man früher, wenn überhaupt,
dahin, dass man an der patricischen Tendenz festhielt. Neuerdings
hat man sich aber auf den gerade entgegengesetzten Standpunkt ge-
stellt. Frägt man nach den Gründen der einen oder der anderen
Ansicht, so kann man lange vergebens suchen: Zusammenhängend
und, soweit die vorhandenen Mittel reichen, erschöpfend, hat noch
Niemand den Gegenstand behandelt, weder die älteren Literarhistoriker
wie Fabricius [1]) und Vossius [2]), noch die neueren: Bähr [3]),
Bernhardy [4]), Teuffel [5]), noch die Sammler der Fragmente der
Annalisten Krause [6]), Müller [7]), Peter [8]).

Die beiden Dichter *Naevius* und *Ennius* anlangend, hat allerdings Blum [9]) behauptet, dass in ihnen der Gegensatz des Plebejers
und Patriciers sich geltend mache. Allein das wird sich nicht nachweisen lassen. Allerdings kann man Pluess [10]) zugeben, dass von
dem Rudier das Wort „wes Brod ich esse, des Lob ich singe" wört-
lich gilt. Aber daraus, dass Naevius die Grossen der Hauptstadt
bei seiner Nachahmung der griechischen Komödie angriff, kann man
um so weniger Schlüsse ziehen, als der patricische Scipio ebenso von
seinem Spott getroffen wurde, wie die plebejischen Metelli. Ferner
darf man auch daraus, dass Naevius Thaten der Gegenwart, zu deren
Glanz er selber beigetragen, und nicht die der Vorzeit besang, deren
Ruhm meist vornehme Familien verherrlicht habe, nicht mit Blum
auf den plebejischen Grundcharacter des Geschichtswerkes des Naevius
schliessen.

---

[1]) Fabricius, bibl. lat. ed. Ernesti I. 31 ff.
[2]) Vossius, de hist. lat. ed. altera 1651 p. 12 sqq.
[3]) Bähr, Röm. Litrtrg. II[4]. 21 ff.
[4]) Bernhardy, Hdb. der röm. Litrtrg. 5. Aufl. S. 673 ff.
[5]) Teuffel, Röm. Ltrg. 3. Aufl. S. 55 ff. 188 ff.
[6]) Krause, vitae ac fragm. historr. vet. rom. Berlin 1833.
[7]) Müller, fragm. histor. graec. III. pag. 80 ff.
[8]) Peter, historr. rom. rell. vol. I. Lipsiae 1870.
[9]) Blum, Einleitung in Roms alte Geschichte, Berlin 1828, Seite 20 ff.
[10]) Pluess in Fleckeisens Jahrb. 1871. S. 285.

Denselben Gegensatz, den Blum für Ennius und Naevius annimmt, erschliesst er [1]) für *Fabius Pictor* und *Cincius Alimentus*
daraus, dass jener Patricier, dieser Plebejer war. Allein diese Ansicht ist nicht nur, weder durch eines der erhaltenen Fragmente,
noch durch sonst irgend welchen Grund, nicht zu beweisen, sondern
auch gar nicht wahrscheinlich. Die Gegenbemerkung allerdings von
Schwegler [2]), dass der Parteistandpunkt der römischen Historiker
auf ihre Darstellung überhaupt keinen wesentlichen Einfluss ausgeübt
habe und dass es nicht der Fall zu sein scheine, als ob je die
römische Geschichte von den Römern selbst von politischen
Parteiinteressen aus geschrieben sei, muss ich um so mehr be-
streiten, als der eminent practische Charakter des Römers und
ihrer Geschichtsschreiber insbesondere, die meist selbst Politiker
waren, von vorn herein dagegen spricht. Das ist allerdings ohne
Zaudern unbedingt einzuräumen, dass der alte Parteigegensatz der
Patricier und Plebejer verschwunden war, als die römische Geschichtsschreibung entstand; aber eine Plebs gab es auch damals, wenn gleich
eine durchaus verschiedene von der alten plebes Romana; und von
vornherein ist es durchaus nicht unwahrscheinlich, dass die Historiker
je nach ihrer Stellung zu der Plebs ihrer Zeit die Verhältnisse der
Plebs der früheren Jahrhunderte verschieden geschildert haben, dabei
manches von den Verhältnissen der jüngeren Plebs auf die ältere
übertragend. Aber was speciell Fabius und Cincius anbetrifft, so
haben sie schwerlich auch nur ein Wort im Interesse der Plebs
ihrer Zeit geschrieben, weil sich dieselben der griechischen Sprache
bedienten, also von vorn herein nur ein beschränktes und gebildetes
Publicum, etwa der damaligen Nobilität, im Auge hatten. Aus diesem
Grunde glaube ich, dass die Blum'sche Aufstellung mit Recht von
van den Bergh [3]), Gerlach [4]), Kiesserling [5]). und Schwegler [6]) abgelehnt worden ist. Am wenigsten kann bei Fabius an
eine den Plebejern günstige Darstellung gedacht werden, da er durch
Gesinnung und Blutsverwandschaft der Aristokratie nahe stand [7]).

Dass die Darstellung, welche *Cato* von den Thaten der römischen
Plebs lieferte, nicht im Sinne der Optimaten geschrieben war, denen
er im politischen Leben bei jeder Gelegenheit schneidend entgegentrat
und von denen er ebenso selbst immer in Athem gehalten wurde,

---

[1]) Blum, Einleitung in Roms a. G. Seite 60 ff.
[2]) Schwegler, Röm. Gesch. I. 79.
[3]) Van den Bergh, de antiquissimis annalium scriptor. Roman. 1859.
pag. 12.
[4]) Gerlach, die Geschichtsschreiber der Römer S. 46 f.
[5]) Kiesserling, de rerum romanarum scriptoribus quibus Livius usus est.
Berol. 1858 pag. 20.
[6]) Schwegler, Röm. Gesch. I. 79.
[7]) Keller, „der zweite punische Krieg und seine Quellen" S. 78.

ist einleuchtend. Denn nie war eines Mannes gesprochenes und geschriebenes Wort in innigerem Einklange und festerem Verbande mit seinem ganzen Weben und Leben als bei Cato [1]; und wie er im practischen Leben dem Volke gegenüber leutselig war, so ist auch in seinen Schriften der schlichte Volkston überall bewahrt.

Ueber die Stellung des *Cassius Hemina* zur Plebs ist etwas Sicheres gar nicht herauszubringen. Denn das Bruchstück Nr. 17 bei Peter: *quicunque propter plevitatem* (sic!) *agro publico eiecti sunt* reicht zu einem derartigen Nachweis kaum aus. Denn wenn Pluess aus ihm folgert [2], dass Hemina für die Plebs Partei genommen habe, so kann er sich für diese Behauptung nur auf das Wort *eicere* berufen und muss dabei demselben den Begriff der ungesetzlichen vis unterlegen.

Von *Claudius Quadrigarius* möchte man vermuthen [2], dass er im Interesse der Optimaten geschrieben hat. Schon Peter [3] hat darauf aufmerksam gemacht, dass er fast nur äussere Kriegsgeschichte darstellt, die innere Verfassungsgeschichte aber nicht entwickelt zu haben scheint. Und in der That verrathen [4] diese seine romantischen Schilderungen mächtiger Körpergestalten und wuchtiger Körperkraft, diese Vorliebe für Lanzenstösse, abgehauene Köpfe und gespiesste Gliedmassen den reckenhaften Geist der erobernden Nobilität und den Geschmack ihrer Kriegsschriftsteller.

Ich komme zu einer Hauptquelle des Livius, zu *Antias*, jenem Schriftsteller der systematischen Zahlenlüge, der die Tradition ohne Scheu vor willkührlichen Einschiebseln grösseren und kleineren Umfanges in majorem Valeriorum gloriam umarbeitete. Von ihm glaubt Nitzsch [5], dass er die Geschichte der Schuldennoth der Plebs erfunden habe, und auch Clason [6] hält die Livianische Schilderung dieser Schuldennoth, in der die Plebs politisch und social verkommt, — eine Darstellung, die sichtlich mit warmem Mitgefühl und inniger Theilnahme von Livius überliefert und um so glaubwürdiger ist, als Livius sonst nicht für die Plebs Partei zu ergreifen pflegt [7], — für späte Reflexion und Erfindung. Allein die hierfür beigebrachten Beweisgründe sind hinfällig. Die Schuldennoth war wirklich vorhanden, dafür spricht die gallische Verwüstung, der veraltete Census mit viel zu hohem Steuersatz für die herunter-

---

[1] O. Ribbeck, „M. Porcius Cato Censorius als Schriftsteller". Neues Schweizerisches Museum I. S. 7. 8.
[2] Vgl. Pluess, anz. von histor. rom. rell. 1. ed. Peter in Fleckeisens Jahrb. 1871, Seite 286.
[3] Peter, histor. rom. rell. I. pag. CCLXXXX.
[4] Pluess, ao. S. 287 f.
[5] Nitzsch, Röm. Annal. a. a. O. S. 347.
[6] Clason, Röm. Gesch. I. 102 ff.
[7] Schwegler, Röm. Gesch. III. 305.

gekommenen Plebejer, die Ueberstenerung nach Grundbesitz ohne Abzug der darauf ruhenden Schulden, die erneuten Kriege und Verwüstungen, die neue Steuer wegen der Ringmauer, endlich noch Missernten der Einzelnen. Auch L. Lange hat der Unterschätzung der Schuldennoth der Plebejer widersprochen [1] „die, wenn auch die Menge der Schuldner weit geringer gewesen sein sollte, als sie nach der Tradition erscheint, doch wegen des gerade in den Wirkungen des Schuldrechtes besonders klar werdenden Gegensatzes zwischen formellem Rechte und materieller Ungerechtigkeit ein überaus wichtiges Moment in dem Ringen der Parteien gewesen sein muss" [1]. Da Valerius Antias sowohl den in der Ueberlieferung schon gefeierten Helden seiner gens als auch den von ihm neu erfundenen Acteurs stets die Rolle der Vermittelung überträgt zwischen Plebejern und Patriciern, so folgt daraus, dass wir seine Darstellung des Ständekampfes eine gemässigt aristocratische nennen können.

Ueber die Stellung des *Aelius Tubero* zum Plebejat fehlen leider äussere und innere Anzeigen [2]. Dagegen lässt sich in dieser Beziehung wenigstens Einiges über *Licinius Macer* vorbringen, obwohl gerade bei diesem Autor es sich augenfällig zeigen lässt, wie leicht vorschnelle und falsche Ansichten vorgetragen werden können, wo die Lücken der Tradition uns bewegen sollten, die ars nesciendi zu üben. Denn während Liebaldt [3] über Macer bemerkt: „quem tanta diligentia antiqua rerum monumenta conquisivisse iisque ad historiam confirmandam usum esse dicas? quem tam accuratum cum totius vetustatis tum institutorum et rituum putes indagatorem?", hat bekanntlich Mommsen [4] ihn nicht blos für einen Dieb, sondern auch für einen unverschämten Fälscher ausgegeben und seine Annalen für übel geschrieben und nicht viel gelesen erklärt. Zwar gegen den Nachweis desselben Gelehrten [5], dass Livius mit Berufung auf die libri lintei des Licinius gewisse Ereignisse der Jahre 440 und 310 ganz falsch erzählt, wird sich schwer ein einleuchtendes Argument geltend machen lassen. Was aber Mommsen weiter bemerkt, dass Licinius, um seine angeblich im Parteiinteresse der Plebs gefälschten Berichte glaubhaft zu machen, sich auf selbst erdichtete Angaben der libri lintei berufe, dafür hat er keine Beweise beigebracht. Das von Mommsen nachgewiesene Falsum erklärt sich vielmehr, wie Peter [6] nachgewiesen hat, aus einem irrigen Bericht der libri lintei selbst.

---

[1] L. Lange im Centralblatt 1874 Seite 1076.
[2] Peter, hist. rom. rell. CCCLV. sqq. und 311 ff.
[3] Liebaldt, C. Licinius Macer. Naumburg 1848 pag. 14.
[4] Mommsen, Röm. Forsch. Seite 315.
[5] Mommsen, Röm. Chronol. Seite 88 ff.
[6] Peter, hist. rom. rell. CCCXXXXV.

Also die unverschämtesten und noch dazu höchst unklugen Geschichtsfälschungen [1]), welche Mommsen dem Licinius vorwirft und auf Rechnung des plebejischen Charakters seines Buches setzt, muss ich als nicht existirend bezeichnen; und ebensowenig kann ich das Bild, das Nitzsch [2]) auf Grund seines Hypothesengebäudes von dem Geschichtswerk des Macer sich entwirft, für bewiesen und zutreffend halten. Vielmehr unterschreibe ich ganz das maassvolle Urtheil von Teuffel [3]), wenn er nicht mehr und nicht weniger als dies behauptet: „Es ist sehr glaublich, dass die lebhaft antioptimatische Richtung des Verfassers in seinem Geschichtswerk sich nicht verleugnete."

Von den Quellen des Livius bleibt nur noch *Calpurnius Piso* übrig. Dieser wird die Verhältnisse der Plebejer nicht in einem denselben feindseligen Sinne geschrieben haben. War er doch selbst Plebejer und Volkstribun und hat mit sichtlichem Behagen die Geschichte von dem Aedilen Cn. Flavius in plebejischem Sinne vorgetragen [4]). Dagegen muss ich die Beweiskraft der weiteren, geistreichen Betrachtungen von Pluess [5]) entschieden in Abrede stellen. Eine „volksthümliche Holzschnittmanier" in der Darstellung der römischen Könige kann ich unter den erhaltenen Fragmenten höchstens in Nr. 8 bei Peter [6]) erblicken; das ist aber zu wenig Stoff, als dass man daraus auf volksthümliche Behandlung der römischen Geschichte überhaupt schliessen könnte. Noch schlimmer steht es mit dem angeblichen Zug der Friedensliebe bei Piso, die Pluess daraus deducirt, dass dem Piso am besten der friedliche Numa, gar nicht der kriegerische, erobernde Tullus gefalle; denn leider ist das alles geistreiche Phantasie, da sich weder in den Fragmenten über die Königszeit noch in den übrigen [7]) der hierzu nöthige Anhalt findet.

Bedenkt man nun, dass *Piso* in den Gracchischen Bewegungen eine hervorragende Rolle spielte, dass er betreffs der Kornvertheilung, welche der brodlosen Menge, der turba forensis oder neuen Plebs, zu gute kamen, immer mit dieser Plebs in der neuen Bedeutung des

---

[1]) Vrgl. auch Zumpt, über die lustra der Römer im Rhein. Mus. XXV. Seite 481.

[2]) Nitzsch, Römische Annal. Seite 351 ff.

[3]) Teuffel, Röm. Ltrg. 3. Aufl. Seite 257.

[4]) Vrgl. Fragment Nr. 27 bei Peter.

[5]) Pluess no. S. 286.

[6]) Gell. noct. Att. XI. 14: *simplicissima suavitate et rei et orationis L. Piso Frugi usus est in primo annali, cum de Romuli regis vita atque victu scriberet. Ea verba quae scripsit haec sunt: Eundem Romulum dicunt ad cenam vocatum ibi non multum bibisse, quia postridie negotium haberet. ei dicunt: Romule, si istud omnes homines faciant, vinum vilius sit. his respondit: Immo vero carum, si quantum quisque volet, bibat; nam ego bibi quantum volui.*

[7]) Vrgl. Peter, histor. rom. rell. I. p. 118 ff.

Wortes zu thun hatte, so wird man es wohl glaubhaft finden, dass, wenn er in seinen Mussestunden die plebes Romana der alten Zeit beschrieb, er unwillkührlich die Vorstellung einer derartigen turba forensis, wie sie der Gegenstand seiner täglichen politischen Thätigkeit war, mit den richtigeren Vorstellungen seiner Quellen für die Darstellung der Ständekämpfe z. B. des Fabius und Cato confundirte, dass *Piso also der erste war, welcher die Vermengung jener beiden Plebejate in die römische Historiographie einführte.*

Diese Neuerung des Piso, durch welche er sich insbesondere auch von Fabius Pictor unterschied, wird sich als von hoher Wichtigkeit weiter unten darstellen zur Beantwortung der Frage, zu welcher ich nunmehr übergehe, in wie weit Livius den Fabius Pictor benutzt hat.

Sowohl zu der Ansicht, dass Livius in der ersten Dekade den Fabius Pictor als Hauptquelle benutzt habe, ja dass er ihm in langen Partien ausnahmslos und allein gefolgt sei, als auch zu der entgegengesetzten, dass Livius in den ersten zehn Büchern den Fabius niemals abschnittsweise, sondern nur bisweilen als Nachschlagebuch benutzt habe, haben sich nicht wenige Gelehrte bekannt, darunter, für die eine wie für die andere Ansicht, Autoritäten ersten Ranges. Für eine ausgedehnte und directe Benutzung des Fabius sind Bachr [1]), Beaufort [2]), Clason [3]), Du Rieu [4]), Harless [5]), Hertz [6]), Kiessling [7]), Lachmann [8]), Nissen [9]), K. W. Nitzsch [10]), Schwegler [11]), Stange [12]), Taine [13]), Weissenborn [14]); da-

---

[1]) Bachr, Röm. Ltrtrg. 4. Aufl. II⁴, 30 und II¹ 161 f.

[2]) Wenigstens äussert Beaufort diss. sur l'incert. etc., wo er das Ende des Regulus nach der auch in der periocha des XVIII. Buches des Livius enthaltenen Tradition bespricht, pag. 337 (Ende) folgendes: „les Historiens Romains n'y furent pas si difficiles, accoutumés à s'en fier entièrement à Fabius Pictor, ils s'en seront sans doute raportés à lui sur ce point comme sur tout le reste".

[3]) Clason, Röm. Gesch. a. a. O. II., 91.

[4]) Du Rieu, de gente Fabia Lugd. Bat. 1856. pag. 161.

[5]) Harless, de Fabiis etc. pag. 16 not 19. pag. 33 sqq.

[6]) Hertz, de vita ac scriptis T. Livii Patavini, praef. editionis pag. XX.

[7]) Kiessling, de Dionysii Halic. auct. lat. pag. 8.

[8]) Lachmann, de fontibus Titi Livii a. a. O. I. pag. 28 f.

[9]) Jedoch im Rahmen des Antias. vrgl. Nissen, kritische Untersuchungen über die Quellen der vierten und fünften Dekade des Livius. Berlin 1863. S. 46.

[10]) Nitzsch, Röm. Annal. a. a. O. Seite 26 ff.

[11]) Schwegler, Röm. Gesch. II. 11.

[12]) Stange, de fontibus historiae Romanae quatenus Livii lib. II. III. continetur. Programm Frankfurth a. d. O. 1834. 4°.

[13]) Taine, Essai sur Tite Live Paris 1874, pag. 40: „Ce qu' à travers lui (= Live) nous lisons aujourd'hui, c'est Fabius Pictor, c'est Pison, ce sont les premiers annalistes, plus corrects, plus clairs, plus éloquents (?), mais avec leur plan, leurs détails, leurs erreurs, tels qu'il les déroulait dans la bibliothèque de Pollion."

[14]) Weissenborn in der praefatio der lat. Ausg. pag. XXXIII.

gegen sind Aldenhoven [1]), Bernhardy [2]), Lewis [3]),
Mommsen [4]), Niese [5]), Peter [6]), Teuffel [7]), Vielhaber [8]),
Virck [9]). Da indessen das Urtheil über diese Streitfrage oft ohne
Beifügung von Gründen abgegeben wurde, so sind die Argumente,
mit denen bis jetzt die eine oder die andere der beiden Ansichten
gestützt worden ist, im Verhältniss zu der langen Reihe der eben
angeführten Gelehrten nicht zahlreich. Soweit dieselben die Benutzung des Fabius beweisen sollen, finden sie sich sämmtlich in Nitzsch'
„Römischer Annalistik", welche deshalb als Hauptrepräsentant dieser
ganzen Ansicht gelten kann. Ich gehe deshalb jetzt zu einer ge-
nauen Prüfung derjenigen Theile dieses Buches über, welche auf
Fabius Pictor Bezug haben.

Von denjenigen Betrachtungen, welche bei Nitzsch für die
Quellenanalyse der ersten Dekade des Livius grundlegend sind und
sich im ersten Kapitel § 4 und § 5 von Seite 26 an finden, be-
spreche ich zunächst den auf Seite 28 enthaltenen Schluss des § 4;
derselbe beruht nämlich auf einem leicht nachweisbaren Irrthum, und
wird die Unbrauchbarkeit desselben für Quellenuntersuchungen durch
einfache Constatirung des Thatbestandes erhärtet. Nitzsch geht
hier von der Thatsache aus, dass wir *über den veränderlichen Anfang
des römischen Amtsjahres eine Reihe von Angaben* bei Dionys und
Livius besitzen, welche Mommsen, Röm. Chronol., 2. Aufl. Seite 80 ff.
(= 1. Aufl. S. 81 ff.) zusammengestellt hat. „Bei einer näheren Betrachtung" soll sich nun nach der Behauptung von Nitzsch ergeben,
„dass in demselben Theil, wo wir bei Livius und Dionys die
cognomina reichlicher als sonst gebraucht sehen, sich auch die betreffenden chronologischen Notizen finden." Und ebenso im umge-
kehrten Fall: „Wo die reichlicheren cognomina fehlen, fehlt auch die
Angabe der Jahresanfänge."

Stellennachweise für diese Behauptung werden von Nitzsch
nicht gegeben; auch Virck giebt gelegentlich seiner schwachen und

---

[1]) Aldenhoven, Hermes V, 150 ff.
[2]) Bernhardy äussert sich allerdings nicht näher, sondern bemerkt nur
mit Bezug auf Niebuhr II, 224 in seiner Röm. Ltrg. 5. Aufl. S. 680: „Ob
endlich die von Livius in früheren Büchern erwähnten Thaten und Reden der
Fabier unmittelbar aus diesem Fabius gezogen sind, lässt sich bezweifeln."
[3]) Lewis, Untersuchungen über die Glaubwürdigk. der altröm. Gesch.
Deutsch von Liebrecht. I, 250.
[4]) Mommsen, Hermes V. 270 und Herm. XIII. S. 330.
[5]) Niese, die Chronologie d. Gall. Kriege bei Polybios Hermes XIII, 413.
[6]) Peter, histor. rom. rell. pag. LXXXVIII sq.
[7]) Teuffel, Röm. Ltrg. 3 Aufl. S. 553.
[8]) Wenigstens scheint derselbe in dem Programm: „Livianische Studien" I.
Wien 1871, Seite 20, Anm. 25 der Annahme einer directen Benutzung des
Fabius geneigt zu sein.
[9]) Virck, die Quellen des Liv. und Dion. a. a. O. Seite 18 ff. Seite 78.

unzureichenden Kritik [1]) der obigen Behauptung von Nitzsch statt der gleich mitzutheilenden 166 Stellen der ersten Dekade des Livius, in denen der Anfang des römischen Amtsjahres durch den Antritt der Consuln berichtet wird, nur drei (!) als Beleg für Nitzsch. Stellt man aber eine genaue Statistik jener 166 Stellen auf über das Verhältniss der cognomina der Consuln oder Consulartribunen zu den Nachrichten über deren Antrittsdatum, so ergiebt eine derartige Statistik das gänzlich Unrichtige der „näheren Betrachtung" von Nitzsch, dass nämlich das von Nitzsch behauptete Verhältniss gar nicht existirt. In der folgenden *Statistik* habe ich noch einen dritten, für diese nächste Frage nicht verwerthbaren, für den weiteren Theil dieser Untersuchung aber sehr wichtigen Factor fortlaufend berücksichtigt, nämlich den Umstand, ob die betreffenden Nachrichten bei Livius über das Antrittsdatum der obersten Regierungsbehörde in prägnantem Chronistenstile abgefasst sind oder nicht; dabei muss bemerkt werden, dass man zuweilen schwanken kann, ob man eine solche Nachricht ihrem Stile nach für echt chronistisch halten soll oder nicht.

Nun sprechen allerdings 49, eventuell 51 Stellen für die Behauptung von Nitzsch. Es finden sich nämlich

1) überall cognomina
   mit Datum $\Big\}$ an drei Stellen, nämlich
   kein chronistischer Stil

für die Jahre $\dfrac{292 \text{ a. u. c.}}{462 \text{ a. Chr.}}$ Liv. III, 8, 2. 3; $\dfrac{331}{423}$ Liv. IV, 37, 1. 3;

$\dfrac{353}{401}$ Liv. V, 10,1. vgl. 9,8.

2) gänzlich fehlende cognomina
   kein Datum $\Big\}$ an 35 Stellen:
   kein chronistischer Stil

$\dfrac{252 \text{ a. u. c.}}{502 \text{ a. Chr.}}$ Liv. II, 17,1.	$\dfrac{263}{491}$ Liv. II, 34,7.	$\dfrac{275}{479}$ Liv. II, 48,1.
$\dfrac{253}{501}$ Liv. II, 18,1.	$\dfrac{270}{484}$ Liv. II, 42,2.	$\dfrac{276}{478}$ Liv. II, 49,9.
$\dfrac{260}{494}$ Liv. II, 28,1.	$\dfrac{271}{483}$ Liv. II, 42,7.	$\dfrac{278}{476}$ Liv. II, 51,4.
$\dfrac{261}{493}$ Liv. II, 33,2.	$\dfrac{273}{481}$ Liv. II, 43,1.	$\dfrac{279}{475}$ Liv. II, 52,6.
$\dfrac{262}{492}$ Liv. II, 34,1.	$\dfrac{274}{480}$ Liv. II, 43,11.	$\dfrac{287}{467}$ Liv. III, 1,1.

---

[1]) **Virck**, die Quellen des Livius und Dionysios, Seite 11.

$\dfrac{296}{458}$ Liv. III, 25,1. $\quad$ $\dfrac{386}{368}$ Liv. VI, 38,2. $\quad$ $\dfrac{438}{316}$ Liv. IX, 21,1.

$\dfrac{301}{453}$ Liv. III, 32,1. $\quad$ $\dfrac{389}{365}$ Liv. VII, 1,7. $\quad$ $\dfrac{440}{314}$ Liv. IX, 24,1.

$\dfrac{309}{445}$ Liv. IV, 1,1. $\quad$ $\dfrac{396}{358}$ Liv. VII, 12,6. $\quad$ $\dfrac{446}{308}$ Liv. IX, 42,2.

$\dfrac{319}{435}$ Liv. IV, 21,6. $\quad$ $\dfrac{420}{334}$ Liv. VIII. 16,12. $\dfrac{447}{307}$ Liv. IX, 42,2.

$\dfrac{355}{399}$ Liv. V, 13,4. $\quad$ $\dfrac{422}{332}$ Liv. VIII, 17,5. $\dfrac{449}{305}$ Liv. IX, 44,2.

$\dfrac{375}{379}$ Liv. VI, 10,2. $\quad$ $\dfrac{432}{322}$ Liv. VIII, 38,1. $\dfrac{454}{300}$ Liv. X, 24,1.

$\dfrac{458}{296}$ Liv. X, 16,2. $\quad$ $\dfrac{459}{295}$ Liv. X, 24,1.

3) gänzlich fehlende cognomina $\Big\}$ an 11 Stellen :
   kein Datum
   chronistischer Stil

$\dfrac{249}{505}$ Liv. II, 16,1. $\quad$ $\dfrac{277}{477}$ Liv. II, 51,1. $\quad$ $\dfrac{375}{379}$ Liv. VI, 30,1 ff.

$\dfrac{251}{503}$ Liv. II, 63,1. $\quad$ $\dfrac{288}{466}$ Liv. III, 2,1. $\quad$ $\dfrac{384}{370}$ Liv. VI, 36,3.

$\dfrac{272}{482}$ Liv. II, 43,1. $\quad$ $\dfrac{289}{465}$ Liv. III, 2,2. $\quad$ $\dfrac{388}{369}$ Liv. VI, 36,6.

$\dfrac{397}{357}$ Liv. VII, 16,1. $\quad$ $\dfrac{442}{312}$ Liv. IX, 28,8.

Hierzu kann man noch stellen :

4) theilweise vorhandene cognomina $\Big\}$ $\dfrac{363}{391}$ Liv. V, 32,1
   Datum
   chronistischer Stil

5) theilweise vorhandene cognomina $\Big\}$ $\dfrac{425}{329}$ Liv. VIII, 20,3
   Datum
   kein chronistischer Stil

Auf der anderen Seite stehen aber 70, eventuell 115 Stellen, welche augenfällig zeigen, dass das Verhältniss zwischen den Cognominibus und den Antrittsdaten der obersten Magistrate, welches Nitzsch behauptet, gar nicht vorhanden ist.

Es finden sich nämlich

1) bei allen Consuln (Consulartribunen) cognomina
   aber kein Datum,   } an 54 Stellen:
   kein chronistischer Stil

$\frac{290 \text{ a. u. c.}}{464 \text{ a. Chr.}}$ Liv.III, 4,1.	$\frac{345}{409}$ Liv. IV, 54,2.	$\frac{415}{339}$ Liv. VIII, 12,4.
$\frac{311}{443}$ Liv. IV, 8.	$\frac{346}{408}$ Liv. IV, 56,2.	$\frac{417}{337}$ Liv. VIII, 15,1.
$\frac{312}{442}$ Liv. IV, 11.	$\frac{347}{407}$ Liv. IV, 57,12.	$\frac{419}{335}$ Liv. VIII, 16,4.
$\frac{313}{441}$ Liv. IV, 12, in.	$\frac{348}{406}$ Liv. IV, 58,6.	$\frac{424}{330}$ Liv. VIII, 19,1.
$\frac{314}{440}$ Liv. IV. 12,6.	$\frac{361}{393}$ Liv. V, 29,2.	$\frac{426}{328}$ Liv. VIII, 22,1.
$\frac{315}{439}$ Liv. IV, 13.	$\frac{370}{384}$ Liv. VI, 18,1.	$\frac{427}{327}$ Liv. VIII, 22,8.
$\frac{317}{437}$ Liv. IV, 17,7.	$\frac{394}{360}$ Liv. VII, 11,2.	$\frac{429}{325}$ Liv. VIII, 29,2.
$\frac{323}{431}$ Liv. IV, 26,1.	$\frac{398}{356}$ Liv. VII, 17,1.	$\frac{431}{323}$ Liv. VIII, 37,1.
$\frac{327}{427}$ Liv. IV, 30,12.	$\frac{399}{355}$ Liv. VII, 17,13.	$\frac{434}{320}$ Liv. IX, 7,15.
$\frac{332}{422}$ Liv. IV, 42,2.	$\frac{400}{354}$ Liv. VII, 18,10.	$\frac{435}{319}$ Liv. IX, 15,11.
$\frac{333}{421}$ Liv. IV, 43.	$\frac{401}{353}$ Liv. VII, 19,6.	$\frac{437}{317}$ Liv. IX, 20,7.
$\frac{337}{417}$ Liv. IV, 47.	$\frac{402}{352}$ Liv. VII, 21,4.	$\frac{441}{313}$ Liv. IX, 28,2.
$\frac{338}{416}$ Liv. IV, 47.	$\frac{403}{351}$ Liv. VII, 22,3.	$\frac{443}{311}$ Liv. IX, 30,1.
$\frac{339}{415}$ Liv. IV, 49,1.	$\frac{404}{350}$ Liv. VII, 23,1.	$\frac{448}{306}$ Liv. IX, 42,10.
$\frac{340}{414}$ Liv. IV, 49,7.	$\frac{405}{349}$ Liv. VII, 24,11.	$\frac{450}{304}$ Liv. IX, 45,1.
$\frac{341}{413}$ Liv. IV, 51,1.	$\frac{406}{348}$ Liv.VII,26,12.13.	$\frac{455}{299}$ Liv. X, 9,9.
$\frac{342}{412}$ Liv. IV, 52,1.	$\frac{411}{343}$ Liv. VII, 28,10.	$\frac{457}{297}$ Liv. X, 14,1.
$\frac{343}{411}$ Liv. IV, 52,4.	$\frac{414}{340}$ Liv. VIII, 3,5.	$\frac{460}{294}$ Liv. X, 32,1.

2) überall cognomina
   kein Datum   } an 15 Stellen:
   chronistischer Stil

$\frac{295\ \text{a. u. c.}}{459\ \text{a. Chr.}}$ Liv. III,22,1.	$\frac{329}{425}$ Liv. IV, 35 1.	$\frac{266}{388}$ Liv. VI, 4,7.
$\frac{318}{436}$ Liv. IV, 21.	$\frac{330}{424}$ Liv. IV, 35,4.	$\frac{387}{367}$ Liv. VI, 42,3.
$\frac{322}{432}$ Liv. IV, 25,5.	$\frac{335}{419}$ Liv. IV, 44 fin.	$\frac{409}{345}$ Liv. VII, 28,1.
$\frac{325}{429}$ Liv. IV, 30,4.	$\frac{350}{404}$ Liv. IV, 61,4.	$\frac{410}{344}$ Liv. VII, 28,6.
$\frac{326}{428}$ Liv. IV, 30,4.	$\frac{356}{398}$ Liv. V, 14,5.	$\frac{461}{293}$ Liv. X, 47,5.

3) gänzlich fehlende cognomina,
   wohl aber Datum,   } $\frac{291}{463}$ Liv. III, 6 init.
   aber kein chronistischer Stil

Hierzu kann man dann (vgl. erste Abtheilung dieser Statistik Nr. 4 und Nr. 5) noch stellen:

4) theilweise vorhandene cognomina
   kein Datum   } an 6 Stellen:
   chronistischer Stil

$\frac{359\ \text{a. u. c.}}{395\ \text{a. Chr.}}$ Liv. V, 18,6.	$\frac{367}{387}$ Liv. VI, 5,7.	$\frac{408}{346}$ Liv. VII, 27,5.
$\frac{365}{389}$ Liv. VI, 1,8. 5.	$\frac{407}{347}$ Liv. VII, 27,3.	$\frac{456}{298}$ Liv. X, 11,10.

5) theilweise vorhandene cognomina
   kein Datum   } an 39 Stellen:
   kein chronistischer Stil

245 a. u. c Liv. I. 60,4.	$\frac{307}{447}$ Liv. III, 66,1.	$\frac{334}{420}$ Liv. IV, 44,1.
509 a. Chr. Liv. II, 8,4 ff.		
$\frac{285}{469}$ Liv. II, 63,1.	$\frac{310}{444}$ Liv. IV, 7,1.	$\frac{336}{418}$ Liv. IV, 45,5.
$\frac{294}{460}$ Liv. III, 15,1.	$\frac{316}{438}$ Liv. IV. 16,7.	$\frac{344}{410}$ Liv. IV, 53,1.
$\frac{297}{457}$ Liv. III, 30,1.	$\frac{321}{433}$ Liv. IV, 25,2.	$\frac{349}{405}$ Liv. IV, 61,1.
$\frac{302}{452}$ Liv. III, 32,5.	$\frac{324}{430}$ Liv. IV, 30,1.	$\frac{354}{400}$ Liv. V, 12,10.
$\frac{306}{448}$ Liv. III, 56,2.	$\frac{328}{426}$ Liv. IV, 31,1.	$\frac{357}{397}$ Liv. V, 16,1.

$\dfrac{360}{394}$ Liv. V, 26,1 f.	$\dfrac{377}{377}$ Liv. VI, 32,3.	$\dfrac{416}{338}$ Liv. VIII, 13,1.
$\dfrac{364}{390}$ Liv. V, 36,11.	$\dfrac{388}{366}$ Liv. VII, init.	$\dfrac{418}{336}$ Liv. VII!, 16,1.
$\dfrac{368}{386}$ Liv. VI, 6,3.	$\dfrac{391}{363}$ Liv. VII, 3,3.	$\dfrac{423}{331}$ Liv. VIII, 18,1.
$\dfrac{369}{385}$ Liv. VI, 11,1.	$\dfrac{392}{362}$ Liv. VII, 4,1.	$\dfrac{428}{326}$ Liv. VIII, 23,17.
$\dfrac{372}{382}$ Liv. VI, 22,1.	$\dfrac{395}{359}$ Liv. VII, 12,1.	$\dfrac{433}{321}$ Liv. IX, 1,1.
$\dfrac{373}{381}$ Liv. VI, 22,5.	$\dfrac{412}{342}$ Liv. VII, 38,8.	$\dfrac{444}{310}$ Liv. IX, 33,1.
$\dfrac{374}{380}$ Liv. VI, 27,2.	$\dfrac{413}{341}$ Liv. VIII, 1,1.	$\dfrac{461}{293}$ Liv. X, 38,1. 39,1.

Da also die Livianischen Angaben über das Datum des Antrittes der Consuln oder Consulartribunen in dem von Nitzsch angegebenen Verhältniss zu den cognominibus nicht stehen, und da dieselben ferner, an und für sich betrachtet, ebensogut aus älteren, wie aus jüngeren Quellen geschöpft sein können, so glaube ich diese Daten, als für die Quellenanalyse unverwerthbar, im weiteren Verlauf dieser meiner Untersuchung, welche sich auch in diesem Punkte im Gegensatz zu Clason [1]) befindet, gänzlich unberücksichtigt lassen zu können.

Zu um so ernsteren Betrachtungen fordert dagegen *das schon durch seine Neuheit überraschende Argument von Nitzsch auf, welches von den cognominibus hergenommen ist.* Nachdem nämlich Mommsen in seinen Untersuchungen über die römischen Eigennamen [2]) gezeigt hatte, dass die Schriftmässigkeit der cognomina erst in später Zeit beginnt, war es zuerst Nitzsch, der es unternahm, diesen Nachweis von Mommsen für Quellenanalysirung zu benutzen: Nitzsch macht mit Recht darauf aufmerksam, dass in gewissen Theilen des Livius die cognomina auffällig selten, in anderen dagegen sehr häufig sind; er benutzt nun diese Beobachtung zu dem Schluss, dass diejenigen Abschnitte des Livius, welche nur selten cognomina aufweisen, aus älteren Quellen, insbesondere aus Fabius Pictor stammen, welcher nach Nitzsch noch gar keine cognomina hatte, dass dagegen diejenigen Theile, welche zahlreiche cognomina aufweisen, aus jüngeren Quellen herzuleiten seien.

---

[1]) Clason, Röm. Gesch. II, Seite 26, 84 f. verwerthet in Anschluss an Nitzsch das in seiner Nichtexistenz von mir erwiesene Verhältniss der Jahresanfänge zu den cognominibus noch zu weiteren Combinationen. —

[2]) Mommsen im Neuen Rhein. Mus. für Philol. 1860 Bd. 15. S. 169—210; abgedruckt in seinen Römischen Forschungen I., S. 1—68.

Es ist nun allerdings richtig, dass sich in den Fasten der Jahre 247—289 bei Dionysios 37 cognomina, bei Livius deren nur 4, auch richtig, dass sich für die Jahre 290—304 bei Livius 12, bei Dionysios nur 8 cognomina finden. Trotzdem aber kann ich die Berechtigung, in der von Nitzsch befolgten Weise die cognomina für die Quellenanalysen zu verwerthen, nicht zugeben.

Zunächst hat Nitzsch seine Grundansicht, nach welcher Fabius Pictor noch keine cognomina gehabt hat, durchaus nicht bewiesen. Er beruft sich hierbei auf folgenden Satz Mommsens [1]): „sehr wahrscheinlich sind alle genealogischen Notizen sowie sämmtliche cognomina erst in der späteren republikanischen Zeit aus den Stammbäumen der einzelnen Geschlechter in die uralte Liste eingetragen worden. Die Schriftmässigkeit der cognomina also reicht zwar an sich bis wenigstens in das fünfte Jahrhundert Roms zurück, hat sich aber anfänglich nicht erstreckt auf die öffentlichen Urkunden im engsten Sinn des Wortes, auf Volks- und Senatsacte". Aus dieser Thatsache schliesst nun sofort Nitzsch [2]): „Es werden also (sic!) jedenfalls spätere Quellen sein, denen oder der wir bei den beiden Schriftstellern jene grössere Menge vollständiger Namen verdanken".

Allein wenn nach Mommsen die Schriftmässigkeit der cognomina bis wenigstens (sic!) in das fünfte Jahrhundert Roms zurückreicht, so konnte der im 6. Jahrhundert der Stadt lebende Fabius Pictor die cognomina sehr wohl bereits in seinem Geschichtswerk vermerkt haben, so dass wir, wo uns nicht andere Gründe davon abhalten, „jene grössere Menge vollständiger Namen" bereits aus dem ältesten aller römischen Quellenschriftsteller ableiten können. Unterstützt wird allerdings die Ansicht von Nitzsch, dass Pictor der cognomina entbehrt habe, durch das, was wir aus den von Peter auf ihn zurückgeführten Bruchstücken seines Werkes wissen, nicht; denn in dem Fragment nr. 15 = Dion. VII, 68[3]) heisst es: *ὕπατοι δὲ ἀπεδείχϑησαν ὑπὸ τοῦ δήμου Κόϊντος Σουλπίκιος Καμερῖνος καὶ Σέργιος Λάργιος Φλαύιος τὸ δεύτερον.* Jedoch steht diese Stelle vereinzelt und kann so ausgelegt werden, dass sie zwar aus Pictor stammt, Dionysios aber dem cognomina entbehrenden Texte seiner Quelle, wie an anderen Stellen sehr vieles andere, so auch hier die cognomina de suo beigefügt hat. Sollte eine die Mommsensche Arbeit ergänzende Untersuchung erweisen, dass Pictor die cognomina bereits hatte, so würden natürlich alle Schlüsse aus deren Fehlen bei Livius hinfällig werden. Ich will aber, da Gegengründe der

---

[1]) Mommsen, Röm. Fo. S. 48.
[2]) Nitzsch, Röm. Ann. S. 28.
[3]) Peter, histor. rom. rell. I. Seite 26.

Zeit nicht vorliegen, einmal mit Nitzsch jenes Fehlen annehmen
und erörtern, ob die weiteren Schlüsse, die Nitzsch aus dieser Annahme zieht, zutreffend sind oder nicht.

Aber auch den Mangel der cognomina bei Pictor in den Nachrichten über den Antritt der obersten Magistrate vorausgesetzt, folgt
daraus noch keineswegs, dass wir aus dem entsprechenden Mangel
bei Livius die ältesten Annalisten, insbesondere Fabius Pictor, zu
erschliessen haben. Dies erhellt zunächst aus der ganzen Art, wie
die alten römischen Historiker arbeiteten: Der Begriff des literarischen
Eigenthums im modernen Sinn war ihnen allen in gleichem Maasse
fremd; und es liegt auf der Hand, dass die früheren Historiker
nicht anders gearbeitet haben und auch nicht anders arbeiten
konnten, als Livius, dessen Werk mit dem Massstab moderner Kritik
gemessen, sachlich nichts weiter als eine Quellencompilation ist.
Schon C. Peter [1]) hat auf die nahe Verwandschaft der Annalisten
aufmerksam gemacht, welche sich zum Theil aus der Abhängigkeit
des einen vom anderen, zum Theil aus dem gemeinsamen Ursprung
aus der Pontificalchronik erklärt. Deshalb verdient das Verfahren
von Nissen [2]) die vollste Anerkennung, wenn er die annalistischen
Abschnitte der 4. und 5. Dekade nicht an bestimmte Namen knüpft,
und ich kann nur unterschreiben, was er sagt [2]): „Die Scheidung
der Annalen im Einzelnen ist darum so äusserst schwierig und
wol geradezu unmöglich, weil jeder äusserer Anhalt fehlt und weil
denn doch schliesslich die verschiedenen Annalen einander zum Verwechseln ähnlich sind." Sind aber die Annalisten in dieser Weise
von einander abhängig, so schrieben sie auch die Notizen über den
Antritt der Magistrate von einander aus; und wenn Fabius Pictor hierbei
keine cognomina hatte, so ging dieser Mangel, wo nicht besonderer
Anlass zum Gegentheil vorhanden war, auf directe und indirecte
Ausschreiber desselben über. Directe Benutzung des Fabius kann
also aus dem Fehlen der cognomina bei Livius nicht geschlossen
werden.

Ferner hat bereits Virck [3]) darauf aufmerksam gemacht, dass
sich Fasten in aller Händen befanden und dass deshalb sehr wohl
ein annalistisch erzählender Schriftsteller ein nach seiner Ansicht
bestes Fastenexemplar nehmen und in diese Fasten die Erzählungen
einarbeiten konnte, die er überliefert fand. Dasselbe Verfahren für
Livius zu leugnen, ist um so weniger irgend welcher Grund vorhanden, als Livius die Begebenheiten nach der Ordnung der einzelnen

---

[1]) C. Peter, das Verhältniss des Livius und Dionysius v. H. zu einander
und den älteren Annalisten, Anclam 1853.
[2]) Nissen, kritische Unters. über die Quellen der 4. u. 5. Dekade des
Livius, S. 101.
[3]) Virck, die Quellen des Livius und Dionysios, Seite 11.

Jahre erzählt [1]). Den Mangel also der in Rede stehenden cognomina
bei Fabius Pictor selbst vorausgesetzt, kann man auch deshalb aus
dem gleichen Mangel bei Livius nicht, weder auf directe, noch sogar
indirecte, Benutzung des Fabius Pictor durch Livius schliessen, weil
die Möglichkeit gegeben ist, dass Livius oder seine Quelle in den
der cognomina bei dem Antritt der obersten Magistrate entbehrenden
Abschnitten ein älteres Fastenexemplar vor sich hatte, in dieses aber
nach jüngerer Haupt- und jüngeren Nebenquellen die ausführliche
Erzählung hineinarbeitete.

Dass aber die cognomina in der Weise von Nitzsch und
Clason nicht für Quellenanalysen verwerthbar sind, erhellt ferner
aus den Inconsequenzen, zu welchen diese Methode bereits geführt
hat. Denn kein anderer als Clason selbst muss bei der Besprechung
des Abschnittes Liv. IV, 48 ff. zugeben [2]): „dass die cognomina
nur in secundärer weise als stützpunkt für die quellenuntersuchung
dienen können". Ja während Clason anderwärts die cognomina
nach den Anschauungen von Nitzsch verwerthet, wonach Licinius
Macer die cognomina häufig, Antias dagegen, wenigstens für die
Leute älterer Zeit, die nicht seines Geschlechtes waren, selten an-
wendete, so kommt derselbe Clason bei Besprechung nicht etwa
blos der späteren Zeit, sondern schon des zweiten Buches des Livius
zu dem von Nitzsch abweichenden Resultate, dass wir eine Livius-
partie ohne cognomina dem Macer, dagegen eine Partie des Dionysios
mit cognominibus dem Antias zuzuschreiben haben. Während also
Clason anderwärts von den cognominibus Gebrauch macht, erklärt
er hier [3]): „Der umstand, dass sich bei Dionys cognomina, bei
Livius keine finden, kann hier nicht als massstab gelten". Und
ähnlich heisst es bei der Besprechung des Anfanges des 5. Buches
des Livius: „so müssen denn nicht blos cognomina, sondern auch
die jahresanfänge der ausgesprochenen politischen tendenz gegenüber
zurücktreten!" [4])

Andere Unzuträglichkeiten der Verwendung der cognomina in der
Weise von Nitzsch hat Virck [5]) zusammengestellt. Es ist nicht
zu leugnen, dass einmal bei derselben Anzahl der Consulate sowohl
die angeblich jüngste Quelle des Livius, als die ältere des Dionysios
8 cognomina aufweist, während sich in den cognominibus der zweiten
Decemvirn zwischen Livius und Dionysios, die hier beide der jüngsten
Quelle folgen, die grosse Differenz findet, dass Livius vier, Dionysios

[1]) Weissenborn, „de T. Livii vita et scriptis" praef. pag. XXXIII.
Teuffel, röm. Ltrg. 3. Aufl. § 257. Anm. 11.
[2]) Clason, röm. Gesch. II. S. 87.
[3]) Clason, röm. Gesch. II. S. 90.
[4]) Clason, röm. Gesch. II. S. 88.
[5]) Virck, die Quellen des Liv. u. Dion. S. 10 f.

aber nur eines anführt. Während ferner Dionysios in den Jahren
290—302 8 cognomina aufweist, d. h. in dem Theile 8 cognomina,
welcher aus der verhältnissmässig älteren, Beinamen entbehrenden
Quelle stammen soll, hat er in den Jahren 266—282 sogar nur 3,
d. h. 3 cognomina in dem Abschnitte, welcher aus der jüngsten
Quelle stammen soll.

Dazu kommt denn schliesslich, dass, wenn man von den Namen
der Consuln oder Consulartribunen absieht, man bei Livius keinen
Unterschied in Betreff der cognomina finden kann. Hatte aber Fabius
in seiner fortlaufenden Erzählung bereits — sei es durchgängig oder
theilweise — die cognomina, so ist die Möglichkeit nicht ausgeschlossen, dass er darnach die cognomina auch in die aus den Fasten
genommenen Notizen über den Antritt der Consuln eintrug.

Wenn aber Virck in seiner — übrigens, wie aus meiner obigen
Darstellung hervorgeht, keineswegs erschöpfenden — Kritik der Vor-
werthung der cognomina bei Nitzsch die Sache so darstellt, dass
es den Anschein hat, als seien die cognomina gänzlich „nichtig" und
werthlos für Quellenanalysen, so muss ich dieser Auffassung nach
Massgabe des gegenwärtigen Standes der Untersuchungen über die
römischen Eigennamen entschieden widersprechen. Ich halte es sehr
im Gegentheil für ein durchaus nicht zu unterschätzendes Verdienst
von Nitzsch, dass er zuerst den schwierigen Versuch gewagt hat,
dieses ganz neue Mittel anzuwenden; wir können jedenfalls aus diesem
Versuche erkennen, wie weit man nach unserer gegenwärtigen Kennt-
niss der cognomina mit diesem Mittel kommt, oder vielmehr nicht
kommt. Dass der Versuch gänzlich fehlgeschlagen, ist allerdings
auf Grund meiner obigen Untersuchung meine feste Ueberzeugung;
es ist aber dieses Misslingen bei den ungeheueren Schwierigkeiten
und der Neuheit dieser Untersuchung sehr erklärlich und fordert
auf das dringendste auf, vor allen die noch offene Frage einer gründ-
lichen Erörterung zu unterziehen, ob und in welchem Umfang Fabius
Pictor die cognomina gehabt hat. In Bezug auf diese literar-historische
Seite ist die Arbeit Mommsens über die römischen Eigennamen der
Vervollständigung durchaus fähig, ja fordert durch diese in ihr ent-
haltene Lücke selbst dazu auf. Diese Untersuchung ist natürlich
nicht an einem Tage zu vollenden. Es müssen alle zu Fabius Pictor
nähere Beziehungen habenden Autoren und das reiche Inschriften-
material durchgenommen werden. Dabei müssen die Unterschiede
der cognomina nach patricischen und plebejischen Familien Berück-
sichtigung finden; vielleicht ergiebt sich dann auch eine genügende
Erklärung dafür, dass von den 166 Stellen meiner obigen Statistik
47 theils cognomina der obersten Magistrate haben, theils nicht haben.
Sollte aber diese Untersuchung, die an meinem gegenwärtigen Auf-
enthaltsort selbst zu führen ich durch den hiesigen Ortes vorhandenen

gänzlichen Mangel der einschlagenden, namentlich der inschriftlichen Literatur und durch die Entfernung grosser Bibliotheken verhindert bin, die Richtigkeit der Behauptung von Nitzsch ergeben, dass Fabius Pictor, wenigstens bei den Notizen über den Antritt der obersten Magistratspersonen, keine cognomina hatte, so würden zwar anbetracht der oben von mir ausgeführten Gründe daraus keine positiven Folgerungen auf die Benutzung des Fabius Pictor gezogen werden können, wohl aber würde der negative Schluss vollständig gestattet sein, dass diejenigen Abschnitte des Livius, welche reichliche cognomina haben, nicht auf den ältesten der römischen Annalisten zurückgeführt werden dürfen. Wie wichtig ein solches Mittel der Erkenntniss sein würde und wie verdienstlich es daher von Nitzsch gewesen ist, auf die Verwerthbarkeit dieses Mittels der Quellenanalysen zuerst aufmerksam gemacht zu haben, leuchtet ein. Denn das Wort von Niebuhr: „Es ist noch sehr viel (für Livius) zu thun, besonders in der ersten Dekade" [1]) hat auch gegenwärtig trotz der immer mehr anschwellenden Literatur von Quellenuntersuchungen über Livius seine vollständige Berechtigung, und wir müssen von jedem Mittel dankbarst Gebrauch machen, welches uns einen sicheren und zuverlässigen Anhalt gewährt, die bisherigen Quellenanalysen des Livius zu prüfen, welche auch in ihren scheinbar sicheren Theilen der Bestätigung gar sehr bedürfen und der Berichtigung sich vielleicht bedürftiger erweisen werden, als man gegenwärtig anzunehmen geneigt ist.

Ausser den cognominibus und den Jahresanfängen benutzt Nitzsch aber auch die kurzen annalistischen Notizen bei Livius, denen man seit Niebuhr besondere Aufmerksamkeit geschenkt hat, dazu, den Fabius Pictor als Quelle für Livius zu erschliessen. Allein auch hier ist der Beweis deshalb nicht geglückt, weil bei der zum Verwechseln grossen Aehnlichkeit der Annalisten unter einander anzunehmen ist, dass diese chronistischen Stücke auch in directen und indirecten Ausschreibern des Fabius Pictor gestanden haben können, in welche sie durch wörtliches Abschreiben gelangten. Nitzsch selbst nimmt im Lauf seiner Untersuchung an [2]), dass Licinius Macer seine annalistischen, prägnanten Sätze aus Fabius Pictor entlehnte; und Clason benutzt daher [3]) mehrfach dieselben dazu, nicht Fabius Pictor, sondern Licinius Macer als Quelle von Livius zu erschliessen. Aber so gut wie Licinius Macer, konnten auch andere annalistische, directe und indirecte Ausschreiber des Fabius Pictor diese chronistischen Stücke enthalten, so dass also aus denselben die älteren Quellen, oder gar allein Fabius Pictor selbst nicht erschlossen werden dürfen.

---

[1]) Niebuhr, Vorträge über röm. Gesch. I. S. 57.
[2]) Nitzsch, röm. Annalistik S. 192.
[3]) Clason, röm. Gesch. I, 13. II. 11 f. 44.

Auch das Verhältniss der cognomina zu den annalistischen Stücken bei Livius ist der Beweisführung von Nitzsch, wonach diese chronistischen Abschnitte sämmtlich auf Fabius Pictor direct oder wenigstens indirect zurückgehen, entgegen. Denn man müsste, die Richtigkeit der Deduction von Nitzsch vorausgesetzt, erwarten, dass Fabius in Anlehnung an die offizielle Stadtchronik die der cognomina entbehrenden Notizen, wenigstens die über den Antritt der obersten Magistrate, in chronistischem Stile abgefasst habe und dass sich deshalb dieses Zusammentreffen von chronistischem Stil und von fehlenden cognominibus häufig bei Livius finden müsse. Von den 166 Stellen aber der obengegebenen Statistik trifft dies nur bei elfen zu! Das Gegenstück, welches mit der Deduction von Nitzsch ebenfalls nicht in Widerspruch steht, dass die häufigen cognomina in nicht chronistischen Stücken, weil aus rhetorisch überarbeiteten, jüngeren Quellen stammend, stehen, trifft bei 51 Stellen zu. Sieht man aber, wie billig, von denjenigen 47 Stellen ab, welche die cognomina nur theilweise haben, so stehen diesen 68 für Nitzsch sprechenden Stellen 51 Stellen, welche gegen Nitzsch sprechen. gegenüber, von denen 36 den Mangel der cognomina mit dem Mangel des chronistischen Stiles vereinigen und 15 die cognomina in chronistischem Stile uns vorführen.

Somit bleiben von den fundamentalen Beweismitteln der „römischen Annalistik" von Nitzsch, mit denen derselbe den Fabius als Quelle für Livius erweisen zu können glaubt, nur noch *die Citate des Livius* übrig: „Livius beruft sich wiederholentlich auf die *scriptores antiqui, antiquiores* oder *antiquissimi; von ihnen nennt er namentlich Fabius."* [1]

Allein es ist bekannt, wie vorsichtig dergleichen Citate bei Livius aufgefasst werden müssen. Wiederholte Citate eines Autors bei Livius beweisen eher das Gegentheil der Benutzung als Hauptquelle. In der 4. und 5. Dekade, wo Livius den Polybius ausschreibt, citirt er [2] diesen im Ganzen nur 6 Mal und verräth nirgends, dass er nur die Uebersetzung seiner Quelle giebt, selbst nicht in der als Litotes allerdings nicht tadelswerthen [3] Bezeichnung des Polybios als eines *„haudquaquam spernendus auctor".* Wenn daher Fabius Pictor allein in der ersten Dekade 5 Mal citirt wird, so werde ich am Schluss meiner Abhandlung des genaueren nachweisen, dass diese fünf Citate gerade das Gegentheil von dem beweisen, was Nitzsch aus ihnen ableitet, dass nämlich in Wahrheit Fabius Pictor Hauptquelle für Livius gerade nicht ist.

[1] Nitzsch, röm. Ann. S. 26.
[2] Nissen, krit. Unters. über die Quellen der 4. und 5. Dek. S. 37.
[3] Vrgl. ebenda Seite 36. Lucas disputationis de ratione, qua Livius in libris historiarum conscribendis usus est opere Polybiano, particula prima Osterprogramm Grossglogau 1854. S. 8. Lachmann de font. Liv. II. S. 9.

Ebenso misslich steht es mit den Citaten der alten, älteren und ältesten Schriftsteller. Livius redet [1]) von „*alii* scriptores" oder „*quidam auctores*", wo er nachweislich [2]) blos einen einzigen Gewährsmann meint; und wenn er „*omnes* annales" [3]) als seine Quelle nennt, so hat er an anderen Stellen die Beschränkung selbst hinzugefügt [4]). Ebensowenig darf man aber die Citate der alten, älteren und ältesten Schriftsteller auf die Goldwage legen und mit Harless [5]), Kallenbach [6]), Lachmann [7]), Nitzsch, Schwegler [8]), Virck [9]) u. a. auf die ältesten Annalisten, womöglich auf Fabius Pictor allein, einschränken. Wenn Livius dessen Alter scharf urgiren will, so citirt er [10]) ihn als einen „*longe antiquissimus auctor*". Wo er aber nur im Allgemeinen von „*scriptores antiqui, antiquiores, antiquissimi*" redet, da braucht er damit gar nicht die ältesten Annalisten zu bezeichnen, sondern kann, wie selbst Clason [11]) richtig gesehen hat, auch die früheren Historiker vor seiner Zeit, wie den Antias und Macer, gemeint haben.

Hiermit habe ich alle fundamentalen Beweismittel, auf denen Nitzsch' „römische Annalistik" aufgebaut ist, als unbeweisend dargethan. Mit ihrer Hülfe glaubt Nitzsch die einzelnen Abschnitte des Livius von Capitel zu Capital, ja von Paragraph zu Paragraph, dem einen oder dem anderen Annalisten zuweisen zu können. Aus Fabius Pictor sollen besonders von Livius folgende Abschnitte ausgeschrieben sein: II, 1—21, 33—41. II, 44—51. Zu solchen speciellen Resultaten kommt Nitzsch dadurch, dass er die wesentlich auf einer Vergleichung des Livius mit Polybios fussenden Resultate der kritischen Untersuchungen von Nissen über die Quellenbenutzung des Livius in der vierten und fünften Dekade auf die erste Dekade anwendet und eine bis in die speciellsten Einzelheiten sich erstreckende Vergleichung des Livius mit Dionysios vorlegt.

Aber gegen diese ganze Beweisführung müssen gleich von vorn herein *principielle Einwendungen* gemacht werden.

---

[1]) VIII, 39, 16. XXXVII, 34. XLV, 3.
[2]) Vrgl. Clason, röm. Gesch. II. 39; Nissen, krit. Unters. über die 4. u. 5. Dek. S. 47.
[3]) z. B. IV, 20. VII, 21. VIII, 6. XXI, 38. XX, 30.
[4]) Vrgl. Weissenborn, deutsche Ausgabe, Einltg. S 25.
[5]) Harless, de Fabiis et Anfidiis. Bonn 1853. pag. 33.
[6]) Kallenbach, „Livius im Verhältniss zu seinem Werk und zu seiner Zeit". Quedlinburg 1860. S. 11.
[7]) Lachmann, de font. Livii, I pag. 29.
[8]) Schwegler, röm. Gesch. II 10f.
[9]) Virck, „Die Quellen des Liv. u. Dion." S. 20.
[10]) Liv. II 40, 10 == fragment 17 bei Peter hist. rell. I. Seite 33.
[11]) Clason, röm. Gesch. II Seite 21.

Zunächst unterliegt die Berechtigung der consequenten Uebertragung der Resultate der Untersuchungen von Nissen über die vierte und fünfte Dekade auf die erste deshalb grossen Bedenken, weil es nicht erwiesen ist, dass sich Livius in der an Nachrichten spärlichen und doch an Widersprüchen überaus reichen Zeit der älteren Republik zu den Annalisten sich gerade so verhalten habe, wie in der an mächtigen Ereignissen durchaus nicht armen, von gleichzeitig lebenden Schriftstellern gut beglaubigten Zeit der punischen Kriege zu dem von den Annalisten nach Stoff und Form wesentlich verschiedenen Polybius.

Sodann aber geht Nitzsch dabei von einer Voraussetzung aus, die ich ebensowenig für bewiesen halten kann, wie der anonyme Recensent im philol. Anzeiger [1]). Nitzsch nimmt nämlich an, dass Livius immer und überall der einmal gewählten Quelle ohne anderweite Einschiebsel gefolgt sei: ein Satz, den er aus Nissens kritischen Untersuchungen entlehnt, welcher ihn für die vierte und fünfte Dekade zu beweisen gesucht hat. Allein selbst Nissen giebt zu, dass bisweilen, aber nicht häufig, Stücke aus anderen Quellen eingeschoben seien [2]), während der Satz von Nitzsch ohne Einschränkung für seine Beweisführung benutzt wird. Dieser Satz, der übrigens selbst für die vierte und fünfte Dekade noch weit entfernt ist für ausgemacht zu gelten, darf um so weniger ohne weiteres auch auf die erste angewandt werden, als wir in dieser nicht, wie in der vierten und fünften, den Polybios, einen in erfreulicher Vollständigkeit gut erhaltenen und von Livius ausgeschriebenen Autor vor uns haben, sondern es im Gegentheil an allen festen Anhaltspunkten fehlt und die ganze Untersuchung sich sonach auf sehr schlüpfrigem Boden bewegen muss.

Drittens aber setzen die Schlussfolgerungen, welche Nitzsch aus der von ihm gezeigten Verschiedenheit von Stücken und Stückchen einerseits des Livius, andererseits des Dionys zieht, voraus, dass dieser sich zu seinen Quellen wesentlich gleich verhalten habe, wie jener zu den seinigen. Diese Voraussetzung aber ist durchaus unzulässig. Von Livius wird es allerdings Niemand bezweifeln, dass er sich im Wesentlichen an seine Quellen gehalten, den Kern der Ueberlieferung im Grossen und Ganzen unverändert bewahrt und nur die Form der Darstellung gefälliger und dem Geschmack seiner Zeit ansprechender gemacht hat. Die zahlreichen Zusätze aber des Dionysios zu der Darstellung des Livius mit Nitzsch daraus zu erklären, dass Dionysios jüngere Quellen als Livius benutzt, diese jüngeren Quellen aber ähnlich wie Livius seine älteren behandelt habe, ist insbesondere seit der inzwischen erschienenen Abhandlung von C. Peter über Dionys und Livius [1]) anzunehmen unmöglich. Diese Abweichungen des Dionysios haben vielmehr in einer von der des Livius verschiedenen Quellenbehandlung des Dionys ihren Grund: Dieser machte zu seinen Quellen Zusätze oder veränderte sie theils aus seiner Tendenz, die römische Geschichte den griechischen Losern interessant, leicht verständlich und zugleich für die Römer möglichst günstig darzustellen, theils aus dem Bestreben, seine politische Weisheit und seine Gelehrsamkeit leuchten zu lassen, theils in Folge von Redseligkeit und rhetorischer Künstelei, welche er mit allen griechischen Schriftstellern der Zeit gemein hatte, theils endlich in Folge seiner geringen Achtung vor der strengen historischen Wahrheit. Insbesondere ist die wunderliche Ansicht von Nitzsch [2]), die mit seiner ganzen Behandlungsweise eng zusammenhängt, dass Dionys sogar das weitläufige Gespinnst seiner Reden, die schon Niebuhr als sein eigenes verunglücktes Machwerk anerkannte [3]), aus seinen Quellen entlehnt habe, ganz unwahrscheinlich und mit Recht von Mommsen [4]) und C. Peter [5]) abgelehnt worden.

Habe ich bis jetzt nachgewiesen, dass die fundamentalen Beweismittel von Nitzsch unbeweisend sind und dass seine Methode, zu specielleren Resultaten zu gelangen, erheblichen Bedenken unterliegt, bleibt mir für diesen ersten, gegen Nitzsch gerichteten Theil meiner Untersuchung nur noch übrig, diejenigen Argumente zu prüfen, welche die mittelst der besprochenen fundamentalen Beweismittel und auf die ebenfalls besprochene Methode als älteste Quelle herausgehobenen Abschnitte des Livius als direct auf Fabius Pictor zurückgehend erweisen sollen.

Die Reihe dieser Argumente eröffnet an einer Stelle, von der Nitzsch selbst sagt [6]), dass sie für seine kritische Aufgabe von der höchsten Wichtigkeit ist, folgendes, das ich nicht umhin kann, seinem Wortlaut nach anzuführen:

„Der Wechsel der fasces zwischen den Consuln *ne si ambo fasces haberent duplicatus terror videretur. Brutus prior concedente collega fasces habuit.* Becker Handbuch 2, 2, A. 246 hat schon hervorgehoben (sic!), dass hier die Vorstellung zu Grunde liegt, dass überhaupt nur zwölf Lictoren waren und diese zwischen beiden

---

[1]) C. Peter, „Dionysius von Halicarnass und Livius" im Rhein. Mus. XXIX. S. 513 ff.
[2]) Nitzsch, in v. Sybel's Hist. Zeitschr. XI. S. 14. Rhein. Mus. N. F. XXIII. S. 610 ff. Röm. Annal. S. 24.
[3]) Niebuhr, Vortr. über röm. Gesch. Bd. I, S. 44.
[4]) Mommsen, Hermes IV, S. 10.
[5]) C. Peter, Rhein. Mus. XXIX, S. 522.
[6]) Nitzsch, Röm. Annal. S. 31. Ende.

Consuln wechselten, dass dagegen lange vor Cäsar und sicher (sic!) schon zu Polybios Zeit 24 Lictoren, je 12 bei jedem Consul (sic!!) und zwar immer wechselnd jeden Monat einen Monat vor-, einen hinter ihm herschreitend vorkommen. Wenn an unserer Stelle Dionys V, 2 jene spätere Sitte im Auge hat, so weist die Notiz des Liv. unzweifelhaft (sic!), auf eine ältere, jedenfalls (sic!) vorpolybianische Quelle zurück." [1]

Allein bei B e c k e r ao. wird obiges gar nicht gelehrt, sondern folgende, gewiss zutreffende Notiz gegeben: „Wenn das (nämlich der Uebergang von 12 zu 24 Lictoren der Consuln) aufgekommen ist, darüber giebt es, soviel ich weiss, kein Zeugniss (sic!). Nur wissen wir, dass in Polybios' Zeit wirklich der Dictator (sic!!) 24 Lictoren hatte. Siehe den Abschnitt über die Dictatur (sic!!)" und L a n g e [2] lässt die Zeit dieser Veränderung bei den Consuln mit gutem Grund unbestimmt. Dieser Schluss also auf eine vorpolybianische Quelle, d. h. auf directe Benutzung des Fabius Pictor, hält durchaus nicht Stich. Dies würde sogar der Fall sein, wenn die von N i t z s c h behauptete Thatsache der Lictoren der Consuln chronologisch richtig wäre; denn warum soll eine nachpolybianische Quelle diese Veränderung nicht gewusst und gerade so wie Livius berichtet haben?

Was das *zweite Argument* „folgt bei Liv. die Notiz über den Eid des Volkes *neminem Romae passuros regnare*" für Fabius Pictor beweisen soll, ist weder einzusehen, noch von N i t z s c h selbst auseinandergesetzt.

Ein *drittes Argument* ist von N i t z s c h aus einer Ansicht M o m m s e n s genommen, welcher ausgeführt hat [3]), dass die Bedeutung des Wortes *patres* als patricischer Senat im Gegensatz zu den plebejischen Mitgliedern, wie Liv. sie hier braucht, die entschieden ältere sei. Wie controvers die Ansichten über die staatsrechtliche Bedeutung des Wortes *patres* sind, ist bekannt [4]). Es steht aber mit der Beweiskraft solcher inneren Argumente überhaupt schlecht. Denn selbst zugegeben, dass die Ansicht von M o m m s e n die richtige ist, folgt erstens nicht, dass Fabius noch das Wort in der alten Bedeutung gebraucht habe; und dann, wenn man auch das einräumen will, würde damit directe Benutzung des Fabius deswegen noch nicht bewiesen sein, weil immer noch die Möglichkeit offen gelassen werden müsste, dass die nachfolgenden Annalisten den Fabius ausschrieben, dabei aber nicht darauf achteten, dass sie unter dem Worte *patres* sich etwas anderes dachten, als ihr Original.

---

[1]) N i t z s c h , Röm. Ann. S. 32.
[2]) L a n g e , Röm. Alt. 1[3] 731.
[3]) M o m m s e n , Röm. Fo. p. 227 ff.
[4]) Vgl. R u b i n o , Unters. über d. röm. Verf. S. 185 ff. C h r i s t e n s e n , Ursprüngl. Bedeutg. der patres Hermes IX S. 196 ff. L a n g e a. a. O., Röm. Alterth. I[3] 221 f. S c h w e g l e r , Röm. Gesch. I 634 f.

Wie aber das *vierte Argument* von Nitzsch, der Name *rex sacrificulus*, für die Benutzung des Fabius etwas beweisen soll, das dürfte schwer einzusehen sein. Wer die Ausführungen von Nitzsch Seite 33 liest, kann offenbar nur annehmen, dass Nitzsch glaubt, die Bezeichnung *rex sacrificulus* sei die in den alten, die Bezeichnung *rex sacrorum* die in den jüngeren Quellen gebrauchte. Dass aber diese 4 oder 8 Buchstaben [1]) nicht zu weitergehenden Untersuchungen über die römische Annalistik benutzt werden dürfen, geht schon aus Livius selbst hervor. Oder sollen wir etwa die Stelle [2]) *de rege sacrificulo* 40, 42, 8 auf Fabius zurückführen, welche eine Zeit behandelt, in der Fabius gar nicht einmal gelebt hat?

Auch das *fünfte und letzte Argument* von Nitzsch, womit die Erzählung des Livius vom Anfang der Republik bis zum Tode des P. Valerius (II, 1—16.) direct auf Fabius Pictor zurückgeführt werden soll, ist unbeweisend. Es war schon von Lachmann [3]) bemerkt worden, dass ein Fragment aus Calpurnius Piso genau mit Livius stimmt. Vergleiche:

Piso (Gell XV, 29):
(*Verba Pisonis haec sunt:*) *L. Tarquinium collegam suum, quia Tarquinium nomen esset, metuere eumque orat uti sua voluntate Roma concedat* (Codd: *Romam contendat*).

Liv. II, 2. 6:
Regium genus, regium nomen non solum in civitate sed etiam in imperio esse, id officere, id obstare libertati: nunc tu, inquit, tua voluntate, L. Tarquini, remove metum.

Weil nun Plutarch und Dionys die Abdankung des Collatinus mit der Geschichte der tarquinisch-junischen Vorschwörung in einen Zusammenhang bringen, den Livius und wahrscheinlich auch Piso nicht kannten, so glaubt Nitzsch die Uebereinstimmung des Piso und Livius durch gemeinsame Benutzung des Fabius Pictor erklären zu müssen.

Dass dies kein Beweis für directes Ausschreiben des Livius aus Pictor ist, leuchtet ein: Nur das kann zugegeben werden, dass wir aus der Uebereinstimmung des Livius mit Piso noch nicht mit Nothwendigkeit zu schliessen brauchen, dass Livius hier dem Piso folge. In der That kann Livius den Fabius ebenso gut wie den Piso, beide aber indirect durch Vermittelung einer jüngeren Quelle benutzt haben; denn eine solche wird durch Plutarch und Dionys gar nicht ausgeschlossen, sondern nur Valerius und Licinius als nicht in Frage kommend erwiesen. Denn warum soll Livius hier nicht z. B. den Tubero eingesehen haben, den er IV 23 als seine Quelle citirt und

---

[1]) sacr ORVM, sacr IFICVLVS!! —
[2]) Vgl. Weissenborn, deutsche Ausg. Anmerkg. zu dieser Stelle.
[3]) Lachmann, de font. Livii I. 56. Vrgl. C. Peter im Rhein. Mus. XXIX S. 533.

der die ältere Fassung, wie wir sie bei Piso finden, sehr wohl berichtet haben kann? Wenn aber auch an Piso als Quelle für Liv. II, 2 festzuhalten, keine zwingende Nothwendigkeit vorliegt, so muss doch die Möglichkeit um so mehr aufrecht erhalten werden, als Piso hier nicht genannt ist und wegen jenes Fragmentes bei Gellius unter allen Annalisten immer am nächsten liegt.

Ich wende mich zu einer *Besprechung der Abschnitte Liv. II, 16—21 und 33—41,* welche nach Nitzsch [1]) ebenfalls auf Pictor zurückgehen.

Nitzsch wendet ausser den bereits besprochenen Argumenten auch das an, dass Liv. I, 53 vrgl. I, 55 (siehe weiter unten) einer Ansicht des Fabius Pictor folgt [2]); aber auch hier ist indirecte Benutzung möglich. Ferner folgt Livius II 33 und 31 allerdings, wie Nitzsch richtig bemerkt (cfr. Liv. II 58), nicht dem Piso. Allein daraus folgt weder, dass er dem Fabius folgt, noch ist die Annahme von Nitzsch erwiesen, dass Livius im 2. Buch einer älteren Quelle folgt. Der Schluss von der Ausschliessung des Piso auf die Quelle Fabius ist vielmehr um so gewagter, als Nitzsch gleich darauf selbst einräumen muss: „Jedoch griff er (nämlich Livius) auch hier schon bisweilen zu jüngeren Quellen, soweit ich sehe, nur zu Valerius Antias."

Der Stossseufzer des Livius [3]) über die *vetustas auctorum* schliesst allerdings aus, dass Livius dabei an Leute wie Antias gedacht habe, aber beweist nichts von directer Benutzung des Fabius. Uebrigens ist die Schlussfolgerung von Nitzsch [4]), welcher aus diesem Stossseufzer *schlechten handschriftlichen Zustand dieser auctores veteres* erschliesst, nicht zwingend. Denn diese Autoren konnten auch wegen ihrer Auffassung älterer Verhältnisse, denen sie ja zeitlich nahe standen, die aber dem Livius nicht mehr geläufig sein mochten, oder aus Gründen der Darstellungsweise, oder wegen ihrer Widersprüche unter einander dem Livius Schwierigkeiten machen: Eine dem Livius beschwerliche vetustas z. B. des Piso war seine Schreibweise, welche Cicero mehrfach als exilis bezeichnet [5]); hat doch Gellius [6]) die narratio des Piso bezeichnet als „pura et vetusta". Auch Nitzsch selbst denkt anderwärts [7]) nicht blos an Confusionen der Texte des Fabius, sondern auch an solche des Fabius selbst.

---

[1]) Nitzsch, Röm. Annal. S. 50 ff.
[2]) Vrgl. Peter, histor. rell. I. Seite 25.
[3]) Liv. II 21, 4: „*tanti errores implicant temporum aliter apud alios ordinatis magistratibus, ut nec qui consules secundum quos (dam), nec quid quoque anno actum sit, in tanta vetustate non rerum modo sed etiam auctorum digerere possis*".
[4]) Nitzsch, Röm. Annal. S. 55.
[5]) Vrgl. Peter, histor. rell. I p. CLXXXXII.
[6]) Gellius VII (VI), 9 = fragm. 27 bei Peter.
[7]) Nitzsch, Röm. Annal. S. 91.

Die Ansicht von Nitzsch [1]), dass des Livius Erzählung
(II, 33—41) der Coriolansage direct auf Fabius zurückgeht, steht
im Widerspruch mit den Ansichten der neueren Forscher, mit
Niebuhr [2]), der bereits den Verdacht aussprach, dass die Geschichte
Coriolans erst nach der Zeit des Fabius in ihrer jetzigen Gestalt
ausgebildet sei, mit Schwegler [3]), welcher betont, dass in den ur-
sprünglichen Quellen, den alten Annalen, nur der kürzeste Inbegriff
der wichtigsten Begebenheiten verzeichnet war, und daraus schliesst,
dass die Erzählung von Coriolan in Livius' ausführlicher Fassung
unmöglich aus den älteren Quellen stammen konnte, insbesondere
aber mit Mommsen, der in seinem geistvollen Aufsatz über die
Coriolansage [4]) die späte Entstehung des Livianischen Berichtes überzeugend nachgewiesen hat. Trotzdem fusst im Wesentlichen die Ansicht von Nitzsch nur auf den in ihrer gänzlichen Beweislosigkeit
von mir oben dargethanen, fundamentalen Argumenten.

Hinzugenommen ist bei Nitzsch S. 59 noch der Grund, die
ältere Quelle zeige sich hier gerade besonders deutlich in der Rein-
heit der Erzählung und in der Einsilbigkeit der beiden Bundesvor-
träge vor und nach der Geschichte Coriolans. Allein dies erklärt
sich sowohl aus der Möglichkeit, dass auch jüngere Quellen hierüber
kurz waren, als aus der Gleichgültigkeit des Livius gegen Genauig-
keit von Bündnissen und urkundlichen Beschlüssen [5]). Dass die
Hauptquelle der Livianischen Erzählung der Coriolansage eben nicht
Fabius war, hat Mommsen aus der Art, wie Livius die Variante
des Fabius citirt [6]), mit vollem Recht geschlossen. Der Widerspruch,
den hiergegen Nitzsch [7]) erhebt, entbehrt des Grundes; und wird
im Gegentheil die Ansicht Mommsens durch die am Schluss dieser
Arbeit folgende Kritik der einzelnen, den Fabius betreffenden Citate
des Livius nur bestätigt.

Es bleibt nun nur noch *der dritte und letzte grössere zusammen-
hängende Abschnitt des Livius* II, 44—51 übrig, den Nitzsch [8])
mit Beibringung einiger neuer Scheingründe direct auf Fabius
Pictor zurückführt.

---

[1]) Nitzsch, Röm. Annal. S. 56 ff.
[2]) Niebuhr, in der ersten Ausgabe der römischen Geschichte I p. 432.
[3]) Schwegler II, p. 393.
[4]) Mommsen, Hermes IV. p. 1 ff.
[5]) Vrgl. Weissenborn, Einltg. zur deutschen Ausg. S. 24.
[6]) Liv. II 40, 10 = fragm. 17 Peter: „*Apud Fabium, longe antiquissi-
mum auctorem usque ad senectutem vixisse eundem (Coriolanum) invenio;
refert certe hanc saepe cum exacta aetate usurpasse vocem, multo miserius
seni exilium esse*“.
[7]) Nitzsch, Röm. Ann. S. 58.
[8]) Nitzsch, Röm. Annal. S. 77 ff.

Um diesen Abschnitt auf Fabius Pictor zurückzuführen, sucht ihn Nitzsch [1]) zunächst aus der ungebendon Masse herauszuheben. Wenn er dies mit Bestimmtheit durchführen zu können glaubt, so kann ich dem durchaus nicht beistimmen. Die Scheidung der genannten Capitel vom Folgenden wird durch einen angeblichen Widerspruch des Livius gewonnen, wie folgt:

„Ebenso stehen die Worte Cap. 52: *„(Menenio) erat invidiae amissum Cremerae praesidium, cum haud procul inde stativa consul habuisset"* in Widerspruch mit Capitel 51: *„Menenius adversus Tuscos victoria elatos confestim missus, tum quoque male pugnatum est"*; denn „geschickt" konnte der Consul nur von Rom aus (sic!) werden, er hatte also nach dieser Erzählung keineswegs (sic!) schon am Tage der Fabischen Niederlage sein Standlager nicht weit von der Cremera".

Aber abgesehen davon, dass Veji von Rom aus in einem Nachmittag zu erreichen war, der Consul also auch in Rom und besonders, wenn er sein Lager zwischen Rom und der Cremera hatte, in der That *„haud procul inde"* stand, so konnte er durch Boten aufgefordert werden, den Fabiern zu Hülfe zu kommen, also dann *„litteris missus"* sein.

Der andere Widerspruch allerdings zwischen Liv. II, 43 einerseits und Liv. II, 44 und 46 andererseits liegt auf der Hand und ist schon von Weissenborn [2]) angemerkt worden. Daraus folgt aber äusserst wenig und nicht einmal etwas Sicheres über einen Quellenwechsel des Livius; denn auch die Möglichkeit ist durchaus nicht ausgeschlossen, dass eine Quelle des Livius diesen Widerspruch bereits enthielt, Livius ihn blos nicht merkte.

Um nun das „mit Bestimmtheit" ausgehobene Stück auf Pictor zurückzuführen, beruft sich Nitzsch [1]) zunächst auf die Masse in ihm enthaltener Fabischer Nachrichten, eine Argumentation, welche ebenso auch von Stange [3]) angewendet worden ist. Allein für directe Benutzung des Fabius, auf welche es hier allein ankommt, ist dies Argument durchaus nicht zu gebrauchen. Man kann sehr wohl mit Niebuhr darin übereinstimmen, dass die Erzählungen von dem Feldzug des Consuls M. Fabius „aus den Handschriften des Fabischen Geschlechtes herstammen"[4]), und man kann mit Schwegler [5]) ebenfalls sehr gut annehmen, dass die Veröffentlichung dieser Familienüberlieferung zuerst durch Fabius Pictor erfolgt ist; ja man

---

[1]) Nitzsch, Röm. Annal. S. 78.
[2]) Weissenborn, Deutsche Ausg. Anmkg. zu II, 43, 5.
[3]) Stange, de fontibus historiae Romanae quatenus libri Livii II et III continetur pag. X.
[4]) Niebuhr II p. 224.
[5]) Schwegler II, p. 745.

kann auf Grund der Hervorhebung des Fabischen Geschlechtes bei
Livius mit Mommsen [1]) behaupten, „dass Livius in der ersten
Dekade hauptsächlich von Fabius abhängt"; aber man kann dabei
nicht minder gut mit Peter [2]) und demselben Mommsen [3]) auch
annehmen, dass diese Schilderungen fabischer Heldenthaten in die
aus Pictor abgeleiteten Quellen übergingen und dass sie erst durch
diese hindurch, nicht aber schon unmittelbar aus dem Buche des
Vaters der römischen Historiographie in die Darstellung des Livius
ihren Weg fanden.

Die Livianische Erzählung, welche, wie Nitzsch sagt [4]), „sich
in einem einfachen aber spannenden Strom mit grossen Gestalten
eines noch heroischen Zeitalters bewegt", deshalb aber noch nicht
aus Fabius Pictor geschöpft zu sein braucht, nimmt Bezug auf die
leider ebenfalls controversen [5]) Verhältnisse des gewöhnlichen, den
Tribunen oder dem Consul zu leistenden *sacramentum*. Es ist richtig
von Nitzsch bemerkt [6]), wie der Bericht des Livius auf der Vorstellung ruht, dass der gewöhnliche Eid des Legionars ihn dem Consul
gegenüber nicht verhindere sich absichtlich schlagen zu lassen; auch
ist es richtig, dass dieselbe Grundanschauung in einem ganz anderen
Zusammenhang Liv. XXII, 38 [7]) wiederkehrt. Wenn aber Nitzsch
hieraus Capital schlägt, um für beide Stellen Fabius Pictor als Quelle
zu erweisen, so ist für diesen Schluss gar kein Anhalt geboten; im
Gegentheil zeigen die Untersuchungen von Böttcher [8]) und Luterbacher [9]), dass für die Stelle 22,38 gerade nicht Pictor, sondern
ein jüngerer Annalist, wie es scheint Antias, benutzt worden ist.

Damit habe ich alle die Gründe widerlegt, mit denen Nitzsch
nachweisen zu können glaubt, dass Livius in ausgedehnten, noch jetzt

---

[1]) Mommsen, Rö. Fo. S. 97. Anm. 65.
[2]) Peter, hist. rom. rell. I. p. LXXXX.
[3]) Mommsen, Hermes V. S. 270.
[4]) Nitzsch, Röm. Ann. S. 79.
[5]) Vrgl. Mommsen, Rö. Fo. S. 332 f. Danz in Ztschr. für Rechtswissen-
schaft VI 351 ff. Karlowa, „Römischer Civilprozess zur Zeit der Legisactionen".
Berlin 1872. S. 25 ff. Huschke, „multa und sacramentum". 1874. S. 371.
[6]) Nitzsch, Römische Annal. Seite 80.
[7]) Liv. XXII, 38: „*ad eum diem nihil praeter sacramentum fuerat,
et ubi decuriatum aut centuriatum convenissent, sua voluntate ipsi inter
sese decuriati equites centuriati pedites coniurabant, sese fugae atque
formidinis ergo non abituros neque ex ordine recessuros nisi teli sumendi
aut petendi aut hostis feriendi aut civis servandi causa. Id ex volun-
tario inter ipsos foedere ad tribunos ad legitimam iuris iurandi adactionem
translatum*".
[8]) Böttcher, krit. Untersuchgn. über d. Quellen des Liv. im XXI. u. XXII. Buch.
Leipzig. Teubner. pag. 432.
[9]) Luterbacher, de fontibus librorum XXI et XXII Livii pag. 44.

deutlich erkennbaren Abschnitten den Fabius ausgeschrieben habe. Andere Gründe, als die auch von Nitzsch verwandten, sind von Niemandem für eine abschnittsweise Benutzung des Fabius durch Livius beigebracht worden; und werde ich am Schluss dieser Abhandlung meine eigene Ansicht näher begründen, dass eine solche überhaupt sehr unwahrscheinlich ist.

Man wende nicht ein, dass eine ausführliche Benutzung des Fabius auch in der ersten Dekade schon durch *die Analogie der dritten Dekade* wahrscheinlich gemacht sei, in welcher Livius selber sagt [1]) „*ego praeterquam quod nihil haustum ex vano velim, quo nimis inclinant ferme scribentium animi, Fabium aequalem temporibus huiusce belli potissimum auctorem habui*", und in welcher deshalb Fabius Pictor mit Martin Hertz [2]), Müller [3]), Nitzsch [4]), von Vincke [5]) als Hauptquelle angenommen werden müsse. Allein die Quelle Fabius des mitgetheilten Citates kann und muss allein auf die dem Citat nächstbenachbarten Abschnitte beschränkt bleiben. Wie unsicher die Annahme ist, Pictor sei im Anfang der 3. Dekade Hauptquelle, zeigt schon die erstaunliche Mannigfaltigkeit der zahlreichen von einander verschiedenen Ansichten über die Quellenbenutzung des Livius in diesen beiden Büchern, eine Mannigfaltigkeit, welche nachgerade so bunt geworden ist, dass man mit Horaz ausrufen möchte: „quo teneam voltus mutantem Protea nodo?" Aber jedenfalls ist die Meinung, Fabius Pictor sei die erste Hauptquelle für den Anfang der 3. Dekade gewesen, von allen schon deshalb die unwahrscheinlichste, weil dessen Buch nicht ausgereicht hätte, um Livius genügendes Material für seine ausführliche Darstellung des hannibalischen Krieges zu liefern. Auch hat Nitzsch selbst später [6]) seine Ansicht geändert und statt Fabius [7]) den Caelius als Quelle angenommen, dessen Verhältniss zu Livius, besonders in der allerneuesten Zeit von den verschiedensten Seiten aus beleuchtet worden

---

[1]) Liv. XXII, 7 = fragm. 26 bei Peter histor. rell. I. 39.

[2]) Martin Hertz, de vita ac scriptis Livii praef. XXI.

[3]) Müller, Herm., „Die Schlacht an der Trebia". Progr. Berlin 1867. Seite 33.

[4]) Nitzsch, „C. Fabius Pictor über die ersten Jahre des Hannibalischen Krieges". Kieler Monatsschr. 1854. S. 67 ff.

[5]) von Vincke, „Der zweite Punische Krieg und der Kriegsplan der Carthager", Berlin 1841, S. 66.

[6]) Nitzsch, „Römische und deutsche Annalistik und Geschichtsschreibung" in Sybel's histor. Zeitschr. XI. S. 20.

[7]) Selbst den Pictor betont Nitzsch (Kieler Monatsschr. ao. S. 73) so wenig, dass nach seinen eigenen Worten „Livius seine Redaction vielleicht erst durch die dritte oder vierte Hand erhielt".

ist [1]) und von dem auch Herm. Müller [2]) sagt, dass er ebenso gut
wie Fabius Pictor Quelle des Livius sein könne. — Aber auch die
ganz unwahrscheinliche Benutzung des Fabius Pictor als Hauptquelle
für Buch XXI und XXII angenommen, folgt schon deshalb hieraus
nichts für die erste Dekade, weil in dieser Fabius noch nicht gleich-
zeitige Quelle war. — —

Hatte Nitzsch die Nothwendigkeit einer ausgedehnten Benutzung des Fabius zu beweisen gesucht, *so will Virck* [3]) *deren
gänzliche Unmöglichkeit beweisen.* Der Beweis wird derartig geführt, dass er versucht, von der älteren Livianischen Quelle, die er
im Gegensatz zu einer jüngeren Hauptquelle annimmt, nachpolybianischen Ursprung nachzuweisen.

Das Mittel hierzu bietet ihm eine Vergleichung der Erzählungen
von der heldenmüthigen Vertheidigung der Tiberbrücke durch
Horatius Cocles bei Livius II, 10, Polybios VI, 55, Plutarch Poplicola
16, Dionysios V, 22—25. Von diesen stimmen die beiden letzten
am meisten überein: Der Kampf um die Brücke bildet hier den
letzten Moment einer grossen, am rechten Tiberufer zwischen Römern
und Etruskern gelieferten Schlacht; die Römer werden geschlagen und
ziehen sich über die Brücke zurück, wobei Horatius Cocles, dessen
Beiname zu erklären versucht wird, mit zweien seiner Begleiter den
Rückzug der Ihrigen decken. Schliesslich ziehen sich auch die beiden
Begleiter des Horatius zurück, und dieser hält nunmehr allein den
Angriff der Feinde so lange aus, bis die Brücke hinter ihm abge-
brochen ist; dann wirft er sich in den Fluss und gelangt, wenngleich
verwundet, an's jenseitige Ufer. Die livianische Darstellung weicht
von dieser darin ab, dass sie die Schlacht nicht erwähnt, keine Er-
klärung des Namens Cocles giebt, endlich den Cocles auch nicht verwundet werden lässt. Noch anders erzählt Polybios: auch er kennt
keine dem Kampf um die Brücke vorhergehende Schlacht und keine
Erklärung des Namens Cocles; aber auch von den Gehülfen des
Horatius, die Livius nennt, sagt er nichts; endlich wird nach ihm
Cocles nicht gerettet, sondern kommt im Tiber um.

Dies die thatsächliche Grundlage der Beweisführung von Virck.
Es wird nun zunächst behauptet, dass die Darstellung des Dionys-
Plutarch deswegen auf jüngere Quellen zurückgehe als die des Livius
und Polybios, weil sie ausführlicher sei, pragmatisire und die beiden
Erzählungen des Livius und Polybios in Betreff des Schicksals des

---

[1]) Vrgl. Bursians Jahresber. IV. Jahrg. 1876. Berlin 1877, 7. u. 8. Heft,
S. 205 ff. (J. J. Müller.)
[2]) Herm. Müller, „die Schlacht an der Trebia", S. 9, Anm. S. 34.
[3]) Virck, die Quellen des Livius und Dionysios, S. 18 f.

Horatius zu vermitteln suche. Allein die grössere Ausführlichkeit, die Pragmatisirung und die Veränderung des unversehrten Horatius bei Livius und des todten bei Polybios in einen verwundeten kann, wie sehr vieles andere, allein dem Kopf des Dionys und Plutarch entsprungen und braucht gar nicht aus anderen Quellen entlehnt zu sein.

Sodann wird aus der grösseren Kürze des Polybios geschlossen, dass dessen Tradition über Horatius Cocles älter sei als die des Livius.

Das Falsche dieser Deduction erhellt aber aus der Stellung der polybianischen Erzählung von Horatius Cocles zu den ihr vorausgehenden und folgenden Capiteln; dieselbe steht nämlich innerhalb einer Vergleichung der römischen Verfassung mit anderen Verfassungen (c. 43—58), insbesondere mit der karthagischen (von cap. 51 an), speciell werden die römischen Einrichtungen zur Beförderung kriegerischen Muthes erörtert und die Erzählung des Horatius Cocles als ein Beispiel römischen Heldenmuthes angefügt, um dann einer Vergleichung römischen und karthagischen Golderwerbes Platz zu machen. Es ist klar, dass in diesem Zusammenhang die Erzählung von Horatius Cocles nur ein Mittel ist zu beweisen, dass, wie es gegen Ende des 52. Capitels heisst, die Italioten den Phönikern und Libyern in Bezug auf Körperstärke und Muth überlegen sind. Dagegen ist die Darstellung des Livius nicht philosophisch, sondern rein historisch, die Erzählung von Horatius Cocles Selbstzweck und wird daher auch mit allen Mitteln der Rhetorik ausgeschmückt.

Die Verschiedenheit also in der Ausführlichkeit der Erzählung von Horatius Cocles zwischen Polybios und Livius ist nicht aus einer Verschiedenheit ihrer Quellen, sondern aus der Verschiedenheit der Stellung zu erklären, welche diese Erzählung in den Werken dieser beiden Historiker einnimmt.

Wunderbar aber ist der Schluss der Argumentation von Virck. Um nämlich den Livius nicht aus Fabius, sondern aus einer nachpolybianischen Quelle schöpfen zu lassen, behauptet er erstens, dass Polybios hier nach Fabius erzähle, und zweitens dass vor Polybios gar keine andere Tradition, als die von diesem gegebene, bestanden habe. Allein Polybios benutzte auch andere Quellen der römischen Geschichte z. B. Piso [1]); und der Mangel jeder anderen Tradition vor Polybios als der bei diesem vorhandenen kann mit gar nichts begründet werden: Polybios wählte unter den verschiedenen Darstellungen, die es zu seiner Zeit geben mochte, eben die aus, welche er am leichtesten zu seiner philosophischen Deduction gebrauchen konnte. — —

---

[1]) Keller, „Der zweite punische Krieg und seine Quellen" S. 143 ff.

Es ist mit Recht von Lange[1]) bemerkt worden, dass mit dem Ausdrucke „erwiesener" Resultate bei den modernen Quellenuntersuchungen ein jede besonnene Forschung gefährdender Missbrauch getrieben wird. Ich halte es darum für angezeigt, das Ergebniss meiner bisherigen Untersuchung nachdrücklich hervorzuheben, dass eine directe Benutzung des Fabius durch Livius weder als nothwendig, noch als unmöglich erwiesen ist.

Ich schliesse diese Untersuchung, indem ich die *Gründe* vorführe, auf Grund deren ich der Ansicht bin, *dass eine ausgedehnte Benutzung des Fabius abschnittsweise durch Livius durchaus nicht wahrscheinlich ist.* Diese Gründe sind folgende;

1) Ich habe oben einleitungsweise die Ansicht begründet, dass Piso die Vermengung der alten, auch Reiche und Vornehme enthaltenden plebes Romana mit dem Pöbel der Hauptstadt, der turba forensis, zuerst in die römische Historiographie eingeführt hat. Die gleiche Vermengung findet sich nun aber bei Livius fortwährend, bereits von der Königszeit an, in der ganzen ersten Dekade und ist mit Recht von Niebuhr[2]) als das πρῶτον ψεῦδος in der livianischen Darstellung der Ständekämpfe bezeichnet worden. Es ist daher sehr unwahrscheinlich, dass Livius bei der Darstellung mehrerer gerade äusserst wichtiger Abschnitte dieser Kämpfe den Fabius Pictor benutzte, welcher von diesem πρῶτον ψεῦδος frei war.

2) Auch in der Darstellung der äusseren Geschichte finden sich, wie schon Lachmann[3]) bemerkt hat, eine Reihe Widersprüche mit dem Bericht des Fabius, so bei der Gefangennahme des Romulus, bei dem Raub der Sabinerinnen, bei der Aufführung der öffentlichen Spiele. Diese Widersprüche hat schon Peter[4]) als Beweis gegen eine ausgedehnte Benutzung des Fabius durch Livius benutzt. Dies hat auch zu wiederholten Malen Mommsen gethan, indem er auf viele derselben überhaupt zuerst aufmerksam machte. Insbesondere haben dessen beide letzte, hierauf bezügliche Abhandlungen über „Fabius und Diodor"[5]) und über „die gallische Katastrophe"[6]) abermals auf das Einleuchtendste die tiefe Kluft erwiesen, welche zwischen den Berichten des Fabius und denen des Livius für gewisse Theile der römischen Geschichte besteht.

---

[1]) Lange in Zarncke's Centralblatt 1874, S. 1075.
[2]) Niebuhr, Vortr. über röm. Alterth., S. 65.
[3]) Lachmann, de font. Livii I. 52 ff. Vgl. mehr bei Niesse Hermes XIII. 413. Mommsen Hermes V. 270 ff. und Hermes XIII. 308. 330.
[4]) Peter, histor. rom. rell. I. pag. LXXXX.
[5]) Hermes XIII. 305 ff. —
[6]) Hermes XIII. 515 ff. —

3) Wie Wölfflin [1]) und Luterbacher [2]) gegen Böttcher [3]) und Keller [4]) darauf aufmerksam machen, dass weder das Werk des Coelius, noch das des Piso oder des Cato [5]) ihrem Umfange nach ausgereicht hätten, um Livius genügendes Material für seine Erzählung des 2ten punischen Krieges zu liefern, so gilt ebendasselbe von dem Werke des Fabius für die Geschichte der Ständekämpfe. Denn Dionys meldet in einer vielbehandelten Stelle [6]), dass Fabius im Gegensatz zu den Ereignissen die er selbst mit erlebte τὰ ἀρχαῖα τὰ μετὰ τὴν κτίσιν τῆς πόλεως γενόμενα κεφαλαιωδῶς (i. e. summatim vel breviter [7]) ἐπέδραμεν. Ja selbst Clason [8]) sieht sich zu dem Zugeständniss veranlasst: „Die älteren und sachlich dürftigeren quellen, wie Fabius und Piso, scheint Liv. trotz ihrer glaubwürdigkeit doch nicht gern zur hauptquelle haben wählen zu wollen; er brauchte eben ein reiches gemälde voller tatsachen."

4) Als Stilist war Fabius „nur auf Einfachheit und Kürze bedacht" [9]) vgl. Cic. de orat. II, 52. 53: „atqui ne nostros contemnas, inquit Antonius, Graeci quoque ipsi sic initio scriptitarunt ut noster Cato, ut Pictor, ut Piso; erat enim historia nihil aliud nisi annalium contectio, cuius rei memoriaeque publicae retinendae causa ab initio rerum Romanarum usque ad P. Mucium pontificem maximum res omnis singulorum annorum mandabat litteris pontifex maximus referebatque in album et proponebat tabulam domi, potestas ut esset populo cognoscendi, (ei) qui etiam nunc annales maximi nominantur: hanc similitudinem scribendi multi secuti sunt, qui sine ullis ornamentis monumenta solum temporum, nominum, locorum gestarumque rerum reliquerunt; itaque qualis apud Graecos Pherecydes, Hellanicus, Acusilas fuit aliique permulti, talis noster Cato et Pictor et Piso, qui neque tenent, quibus rebus ornetur oratio — modo enim huc ista sunt importata — et, dum intellegatur quid dicant, unam dicendi laudem putant esse brevitatem."

---

[1]) Wölfflin, philol. Anzeiger 1875. VII. S. 227.

[2]) Luterbacher, de fontibus librorum XXI et XXII Titi Livi 1875.

[3]) Böttcher, krit. Unters. über die Quellen des Liv. im XXI. und XXII. Buch, 1869.

[4]) Keller, „der zweite pun. Krieg u. seine Quellen" 1875.

[5]) Léon de Closset, essai sur l'historiographie des Romains, in den annales des universités de Belgique, année's 1847 et 1848 pag. 636: „sans doute la brièveté de cette histoire (de Caton) aura rebuté son gout délicat et trompé par les apparences, il n'aura pas découvert les richesses, que recouvraient ces modestes dehors".

[6]) Dion. I, 6.

[7]) Vgl. Peter, hist. rom. rell. I. pag. LXXXIII.

[8]) Clason, Röm. Gesch. II, 22.

[9]) Aldenhoven in Hermes V. S 150. Ende.

Es ist daher keineswegs wahrscheinlich, dass der breite, rhetorische Strom der livianischen Erzählung unmittelbar in längeren Abschnitten direct aus Pictor geschöpft sei.

5) Es ist bekannt, wie die Livianische Erzählung von solchen Entstellungen der historischen Wahrheit voll ist, welche dem National-stolz der Römer ihre Entstehung verdanken. Wenn nun auch nicht anzunehmen ist [1]), dass Pictor sich von solchen Fälschungen frei gehalten hat, wenn er auch sich vor ihnen besonders dann nicht gescheut haben wird, sobald der Ruhm seiner gens davon Gewinn ziehen konnte; so ist es doch sehr unwahrscheinlich, dass der grosse Umfang dieser wahrheitswidrigen Berichte bei Livius, insbesondere auch in der Erzählung der ersten Jahrhunderte der Republik, bis auf den ältesten der römischen Annalisten zurückgehen sollte. Dieser Umfang weist vielmehr, wie dieses betreffs des Vertrages mit Porsenna Virck [2]) wahrscheinlich zu machen sucht, auf jüngere Quellen. Ueberhaupt wird eine ausgedehnte Benutzung des Fabius durch Livius immer unwahrscheinlicher, je klarer es sich heraus-stellt, mit welcher Willkühr die Ueberlieferung der älteren römischen Geschichte in die Gestalt gebracht ist, in der sie uns bei Livius vorliegt [3]).

6) Die Unwahrscheinlichkeit, dass Livius den Pictor als Haupt-quelle benutzt habe, wird noch grösser werden, wenn sich die bereits oben besprochene Vermuthung von Nitzsch [4]) bestätigen sollte, wonach zur Zeit des Livius die Annalen des Fabius Pictor sich in schlechtem handschriftlichen Zustande befunden haben. Denn einem Manne wie Livius ist es durchaus nicht zuzutrauen, dass er einen Autor, welcher ihn theils aus anderen Gründen, theils wegen der schlechten handschriftlichen Ueberlieferung seines Textes Schwierig-keiten macht, ganze lange Strecken hin als Hauptquelle benutzt habe.

7) Spricht auch die Citirmethode des Livius gegen die Annahme, als habe derselbe in der ersten Dekade den Fabius Pictor nicht nur als Nachschlagebuch, sondern auch als Hauptquelle gebraucht.

Von den übrigen fünf Stellen, welche sämmtlich der ersten Dekade angehören und an denen Livius sich auf Fabius beruft, erheblich verschieden ist die schon oben Seite 34 besprochene und ausgeschriebene Stelle Liv. XXII, 7 = fragm. 26 bei Peter histor. rell. I, S. 39. Hier also wird, wie oben begründet worden ist, für die an diese Citation nächst angrenzenden Abschnitte ausdrücklich Fabius als Vorlage genannt, und wir haben keinen Grund, den Livius

---

[1]) Vgl. Peter, hist. rom. rell. I. pag. LXXXIII.
[2]) Virck, „die Quellen des Livius und Dionys" S. 18.
[3]) S. hierüber jetzt auch A. Schaefer in comm. Momms. 1877, pag. 1 sqq.
[4]) Nitzsch, Röm. Annal. S. 55.

einer Lüge zu zeihen. Sehr bemerkenswerth aber ist es, dass in dem
ganzen weiteren Verlauf des hannibalischen Krieges, weder vor noch
nach dieser Citation, Livius dieser seiner wichtigen Vorlage Erwähn-
ung thut. Schon dadurch wird man der Annahme geneigt, dass die
häufige Citirung des Fabius für lauter Einzelheiten in der ersten
Dekade und der gänzliche Mangel daselbst einer ähnlichen Citirung
wie XXII, 7 beweisen, dass Fabius in den ersten 10 Büchern des
Livius eben nicht abschnittsweise abgeschrieben, sondern nur stellenweise nachgeschlagen worden ist. Diese Ansicht stimmt ganz zu der
sonstigen Citirmethode des Livius, dessen Citate sich auf Nebenquellen
zu beziehen pflegen, neben welchen eine Hauptquelle stillschweigend
vorauszusetzen ist [1]).

Eine genaue Prüfung aller einzelnen Citate des Fabius in der
ersten Dekade bestätigt dies vollständig.

Livius bringt X, 37,14, nachdem er vorher in zusammen-
hängender, ununterbrochener Erzählung c. 36,11 berichtet hatte, dass
M. Atilius bei Luceria dem Jupiter Stator einen Tempel gelobt hatte,
folgende Nachricht: *„Fabius ambo consules (L Postumium M.
Atilium) in Samnio et ad Luceriam res gessisse scribit, traductumque
in Etruriam exercitum — sed ab utro consule, non adiecit — et
ad Luceriam utrimque multos occisos inque ea pugna Jovis Statoris
aedem votam, ut Romulus ante voverat"* Dass aber Livius gerade
hier in den vorausgehenden Capiteln den Fabius nicht benutzt hat,
ist zweifellos [2]). Ebensowenig hat Zonaras VIII, 1, wo er die Ereignisse dieses Jahres bespricht, den Fabius benutzt [3]). Die Citirung
des Fabius ist also hier für Livius Beweis, dass Fabius die Hauptquelle gerade nicht ist.

Ebenso steht es mit fragm. 18 bei Peter = Liv. VIII, 30.
Dieses behandelt den Sieg des Fabius über die Samniten, der gegen
den Befehl des Dictators, sich überhaupt in keine Schlacht einzu-
lassen, errungen war. Hierbei heisst es: *Magister equitum, ut ex
tanta caede, multis potius spoliis congesta in ingentem acervum
hostilia arma subdito igne concremavit, seu votum id deorum cuipiam
fuit, seu credere libet Fabio auctori, eo factum ne suae gloriae
fructum dictator caperet nomenque ibi scriberet aut spolia in triumpho
ferret."* Schon aus dem Umstand, dass der Grund des Fabius Pictor
erst an zweiter Stelle angeführt wird, könnte man vermuthen, dass
in diesem Abschnitt nicht Fabius Hauptquelle gewesen ist, sondern

[1]) Vgl. Clason, Röm. Gesch. II. 29; Keller, zweiter pun. Krieg u. s.
Quellen, S. 125. Mommsen, Hermes XIII, 3. S. 319.
[2]) Vrgl. Lachmann, de font. Livii 1 p. 75. Peter, histor. rell. Seite 34
Anm.
[3]) W. A. Schmidt, über die Quellen des Zonaras in Dindorf's Ausg. des
Zonaras, vol. VI, pag. XXIV sqq.

derjenige Annalist. welcher den ersten Grund angegeben hatte. Und in der That ist hier die Hauptquelle des Livius zugestandener Massen [1]) jüngeren Datums, als Fabius Pictor.

Nicht im allermindesten unterscheidet sich von diesen beiden Stellen Liv. II, 40,10 = fragm. 17 Peter, über welche Stelle ich mich schon oben S. 31 ausgesprochen habe.

Ebenso beschaffen ist Liv. I, 44,2 = fragm. 10 bei Peter: „*Milia octoginta eo (primo) lustro civium censa (a Servio Tullio) dicuntur. adicit scriptorum antiquissimus Fabius Pictor, eorum qui arma ferre possent, eum numerum fuisse.*" Der Schluss, welchen ich auch aus dieser Stelle ziehe, dass Fabius Pictor für das erste Buch nicht als Hauptquelle benutzt ist, steht mit der Ansicht, Livius folge in diesem hauptsächlich poetischen Quellen, insbesondere dem Ennius und vielleicht dem Virgil [2]), in bester Uebereinstimmung.

Schliesslich steht mit dieser Auffassung auch im Einklang das fragm. 13 bei Peter = Liv. I, 53,2: „*Is* (Tarquinius Superbus) *primus Volscis bellum in ducentos amplius post suam aetatem annos mouit. Suessamque Pometiam ex his ui cepit. ubi cum diuendenda praeda quadraginta talenta argenti refecisset, concepit animo eam amplitudinem Jouis templi, quae digna deum hominumque rege, quae Romano imperio, quae ipsius etiam loci maiestate esset. —* (55,7): *Augebatur ad inpensas regis animus. itaque Pometinae manubiae, quae perducendo ad culmen operi destinatae erant, vix in fundamenta suppeditavere. eo magis Fabio, praeterquam quod antiquior est crediderim, quadraginta ea sola talenta fuisse, quam Pisoni.*" Nitzsch hat ohne Zweifel Recht zu behaupten [3]), dass Livius I, 53 dem Fabius folgt, ohne ihn zu nennen (siehe oben S. 30). Aber daraus, dass Livius die Höhe der Geldsumme, die er verschieden angegeben fand, hier wie cap. 55,7 consequent nach Fabius gab, folgt keineswegs, dass er dem Fabius auch in allen übrigen Einzelheiten dieses Abschnittes folge. Dies zeigt am deutlichsten der Schluss der zweiten Stelle, wonach Livius mehr dem Fabius glaubt, als dem Piso. Denn wenn überhaupt etwas, so scheint hieraus die Berechtigung der übrigens auch noch nicht „erwiesenen" Ansicht [4]) zu folgen, dass neben den Dichtern im ersten Buch Piso besonders von Livius benutzt worden sei. Doch ist auch dieser Beweis für Piso nicht zwingend. — —

---

[1]) Nach Clason, Röm. Gesch. II, 48 benutzte Livius von 8,26—9,15 den Antias.

[2]) Wölfflin, Antiochus von Syracus und Coelius Antipater. S. 85.

[3]) Nitzsch, Röm. Ann. S. 52.

[4]) Aldenhoven, Hermes V 150 ff.

Das Resultat meiner Untersuchung ist, kurz zusammengefasst, dies, dass eine directe Benutzung des Fabius durch Livius abschnittsweise als einer Hauptquelle weder nothwendig noch unmöglich, wohl aber sehr unwahrscheinlich ist. Ich befinde mich damit ganz auf demselben Standpunkt wie Mommsen [1]), welcher bemerkt, wie die unerfreuliche Wahrnehmung, dass Livius von den älteren, besseren Quellen keine stetig zu Rathe gezogen, geschweige seiner Darstellung abschnittsweise zu Grunde gelegt hat, mit jedem Schritte vorwärts mehr und mehr bestätigt wird, und der daran die beherzigenswerthe Mahnung knüpft, dass dies zwar recht übel ist, dass es aber noch übler ist, sich darüber Illusionen zu machen.

[1]) Mommsen, Hermes V, 270 f. und Hermes XIII, 3. S. 330.